In die Hölle geboren

Martina Woknitz

AF723244

Martina Woknitz

In die Hölle geboren

Ein Leben voll Missbrauch und Brutalität

BIOGRAFIE

Erinnerungen

DeBehr

Copyright by: Martina Woknitz
Herausgeber; Verlag DeBehr, Radeberg
Erstauflage: 2024
ISBN: 9783987272158
Grafiken erstellt über Midjourney.com

Alle Namen und Orte wurden aus
Personen- und Datenschutzgründen verändert.

Inhalt

Prolog

Was bedeutet es, als Kind ständigem schweren Missbrauch und schwerer Arbeit ausgesetzt zu sein?
Wie ist es, wenn diese unendliche Grausamkeit als erwachsene, junge Frau und Mama von kleinen Kindern kein Ende zu nehmen scheint?

Ich möchte Sie mitnehmen in das unglaublich schmerzhafte und grausame Schicksal von Manuela. Sie lebte in einer Blase gefüllt mit Perversion und Gewalt.

Obwohl sie aufgrund der Verletzungen, die ihr als Kind und Frau zugefügt wurden, immer noch unter chronischen Schmerzen, Angst- und Panikattacken und unendlicher Scham leidet, möchte sie mit ganz viel Mut ihre schlimme Geschichte erzählen. Sie möchte es herausschreien – am liebsten in die ganze Welt. Sie sagte zu mir: „Ich möchte gehört werden und sagen – ich bin da, mich gibt es noch."

Manuela war noch ein Kind und eine Jugendliche, aber in diesem zarten Alter kannte sie bereits alle Formen von sexuellem Missbrauch in jeder perversen Art und Form.

Liebe Leserinnen und Leser,
was Sie hier erfahren, ist an ganz vielen Stellen schier unglaublich. Wie ich werden Sie dasitzen und denken: 'Nein,

niemals war das so, das gibt es nicht. Es hört ja nie auf.'
Leider ist alles genau so passiert. Meine Zweifel an Manuelas Geschichte verflogen sehr schnell, als ich diese Frau persönlich kennenlernte.
Manuela ist eine gebrochene und unglaublich angstvolle Person. Sie traut sich fast nicht vor die Tür, nur mit ihren zwei geliebten, kleinen Hunden. Für andere Besorgungen braucht sie Stunden, um sich überhaupt aufraffen zu können, an die frische Luft zu gehen. Ein Arztbesuch ist für sie eine fast unlösbare Aufgabe.
Auch der Gedanke: 'Ich nerve doch sowieso nur und bin ekelhaft und ein Nichts. Die Ärzte haben Wichtigeres zu tun, als sich mit mir zu beschäftigen', begleitet Manuela immer. Durch den Supermarkt geht sie nur mit gesenktem Kopf und beeilt sich, schnell wieder herauszukommen. Sie fühlt sich ständig unter Beobachtung und würde nur zu gern den anderen ihren Anblick ersparen.

Ihre Vergangenheit hat aus dieser liebevollen Frau ein psychisches und physisches Wrack gemacht. Ich entschuldige mich für diesen Ausdruck, ich kann es nicht anders umschreiben. Sie ist so schwer gezeichnet, dass man sie am liebsten ganz festhalten und über ihr Haar streicheln möchte, und das am liebsten ununterbrochen.

Das Einzige, was Manuela noch am Leben hält, sind ihre Kinder, ihre kleine Enkeltochter und ihre zwei Hündchen.

Freunde hat sie keine, möchte sie auch nicht. Sie wurde immer nur ausgenutzt und war Gewalt ausgesetzt.

Ich versichere Ihnen, dass alles so, wie wir es erzählen, passiert ist.
Manuela zeigte mir Fotos und durch ihren Ex-Mann und Vater aufgenommene Filmchen, die ich jedoch nur ganz, ganz kurz aushielt. Es ist einfach zu grausam und unfassbar. Ich wollte auf diese von Manuela beschriebenen Beweise verzichten. Doch der hochgradig geschundenen Frau war es unendlich wichtig, mir wirklich zu zeigen, was sich da abspielte und sie sich sicher sein konnte, dass ich ihr wirklich glaube.

In diesem Schicksal kratze ich nur an der Spitze des Eisberges, was aber schon schlimm genug ist. Jede Einzelheit möchte ich nicht beschreiben, es ist zu schmerzhaft und nicht vorstellbar.

Wenn Sie jetzt Abstand von diesem Buch nehmen möchten, ist es vollkommen nachvollziehbar.
Lesen Sie es jedoch, möchte ich sagen, dass es wirklich sehr hart ist.
Es wird Leser geben, die sagen, die Woknitz spinnt doch, das ist alles ausgedacht.

NEIN, ist es LEIDER NICHT.

Es gibt unendlich viele solcher grausamen Schicksale, die über den normalen Verstand hinausgehen. Niemals wird es gelingen, sexuellen Missbrauch zu unterbinden oder gar abzuschaffen. Meistens passiert es in den eigenen vier Wänden.

Jedes einzelne Missbrauchsopfer leidet ein Leben lang.

Manuela schaffte es irgendwann, diesem unglaublichen Wahnsinn zu entkommen, sich und ihre Kinder in Sicherheit zu bringen.
Bis es jedoch endlich so weit war, ging sie immer und immer wieder durch die Hölle. Es schien kein Ende zu nehmen.

Hier ist ihre grausame und herzzerreißende Geschichte:

Wir lebten auf einem großen Bauernhof, welchen meine Eltern ihr Eigen nennen durften. Haus und Hof waren so groß, dass Nachbarn in sicherer Entfernung waren, um irgendetwas zu sehen oder zu hören, was bei uns passierte. Neben meiner Schwester, die fünf Jahre älter und meinem Bruder, der sechs Jahre älter war als ich, war ich das Nesthäkchen der Familie. Wenn man jetzt denkt, die jüngste kleine Maus wurde verwöhnt, muss ich das leider verneinen. Wir Kinder wurden von Anfang an erzogen, bei der Arbeit in unserem großen Haus und bei den vielen Tieren mitzuhelfen.

Meine Mama war eine rundliche, aber hübsche Frau. Ihr Gesicht hatte für uns Kinder immer ein Lächeln auf den Lippen und strahlte Liebe aus. Dunkle, volle Locken umrahmten das schöne Aussehen meiner Mama.
Sie war es, die uns liebevoll in unser Bett brachte, Geschichten vorlas und auch mit uns alberte. Alles das, was Kinder brauchten, gab sie uns. Bei ihr durften wir Liebe und Geborgenheit genießen. Kaum war mein Vater da, war es leider damit vorbei. Wir stoben auseinander wie aufgeschreckte Hühner und lagen mucksmäuschenstill im Bett oder gingen am Tag sofort unseren Pflichten nach, wir Kinder waren wie ausgebildete Zinnsoldaten.
Mein Vater war ein großer, blonder, sehr gut aussehender Mann. Er war jedoch fast nie zu Hause. Fleißig war er in keinster Weise. Er verdiente sein Geld als Leiter der Abteilung für Physiotherapie in unserem städtischen Klinikum.

Er kam von der Arbeit, trank seinen Kaffee und verschwand in der Kneipe. Jeden einzelnen Tag. Bevor er ging, nahm er noch einen großen Schluck aus der Schnapsflasche, die immer auf dem Fensterbrett unserer Küche parat zu stehen hatte. Wehe, meine Mama vergaß es, dann holte er sofort aus und schlug zu. Selbst in meinen frühesten Kindheitserinnerungen hatte ich immer Angst vor ihm.

Ich kann mich an keinen Moment erinnern, an dem mein Papa nett zu mir war, an nicht einen einzigen. Er brachte mich nie in mein Bett, normal mit uns Kindern redete er mehr als selten. Es gab nur Kommandos und Geschrei seinerseits. Ich bewunderte meine Geschwister immer wieder, wenn sie ihm widersprachen. Dafür hagelte es selbstverständlich Schläge, trotzdem begehrten sie manchmal auf.

Ich musste als kleines Kind oft mit ansehen, wie er meine Schwester oder meinen Bruder mit seinem Gürtel verprügelte. Er hörte nie auf, bevor ihr Blut floss, erst wenn ihre zarte Haut aufplatzte, ließ er von ihnen ab. Meine Mama konnte nichts dagegen tun. Doch, sie hätte mit uns abhauen können. Warum sie es nie tat, kann ich leider nicht sagen. Vielleicht wäre es aber irgendwann doch noch so weit gekommen, leider hatte das Schicksal anderes mit uns vor.

Wir Kinder waren einfach nur da und hatten gefälligst bei der vielen Arbeit zu helfen. Unsere Bedürfnisse interessierten ihn nicht im Geringsten.

Auf unserem Hof lebten mit uns achtzig Kaninchen, einhundert Hühner, 60 Gänse, 30 Enten, zwei Kühe, zwei

Schweine und zwei Pferde. Obst und Gemüse wurden angebaut und geerntet. Tiere wurden verkauft oder geschlachtet. Wir waren fast so etwas wie Selbstversorger. Unser Keller war voll mit selbstgekochter Marmelade, Gläsern mit Wurst, Obst und Gemüse. Das Fleisch der geschlachteten Tiere wurde eingefroren. Der Verkauf unseres Viehs bescherte meinen Eltern ein gutes Nebeneinkommen. Mama hatte nur nicht viel davon, mein Vater versoff es. Mama schaffte es nie, etwas zurückzulegen. Er stöberte es immer auf und hatte somit einen Grund mehr, sie zu schlagen.
Vor ihm Geld zu verstecken, war fast eine Straftat.
Dass bei uns Tiere geschlachtet wurden, hört sich grausam an, dessen bin ich mir bewusst. Zu unserer Zeit war es so und für mich war es das Normalste der Welt. Ich kannte es nicht anders.

Wir Kinder waren in diese Arbeiten voll integriert. Ich war noch sehr klein. Mein Job war es, das Obst, das von den Bäumen fiel, aufzusammeln und unsere Kaninchen, Hühner, Enten und Gänse zu füttern. Diese Arbeiten bereiteten mir großen Spaß. Die kleinen Kaninchen waren so süß, wenn sie an ihren Möhren mümmelten. Ich streichelte sie liebevoll, bevor ich zu den anderen Tieren ging. Hier warf ich Weizenkörner aus und freute mich, wenn die Hühner, Gänse und Enten herumflatterten. Angst hatte ich vor ihnen keine.

Zu dieser Zeit war ich trotz der Strenge meines Vaters noch ein unbedarftes Kind.

Wir wohnten in einem Dorf, jeder kannte jeden. Meine Eltern waren sehr beliebt. Bei Mama ist es verständlich, sie war immer eine liebevolle und offene Person. Mein Vater war in der Öffentlichkeit der liebenswerteste Mensch, den man achtete und respektierte. Zu Hause jedoch war er ein böser Mann, seine dunkle Seite lebte er allerdings nur in unseren vier Wänden aus. Doch wie dunkel und schwarz seine Seele und sein Charakter waren, sollte ich auf sehr schmerzvolle Weise viel später erfahren.

Zwischen meinen Eltern fiel nie ein freundliches Wort. Ich kann mich an folgende Situation noch genau erinnern:
Ich kam gerade von unseren Tieren. Als ich ins Haus wollte, kam gerade auch mein Papa herein. Es gab kein freundliches: „Hallo Manuela, wie war dein Tag?" Geschweige denn, er würde mich an sich drücken und mir sagen, dass er mich lieb hat. Im Gegenteil, er schubste mich zur Seite, sah böse drein und ging in die Küche. Ich folgte ihm. Meine Mama stellte ihm sofort seinen Kaffee hin, er nahm seine Zeitung und blätterte darin. Sein Platz war immer an der Stirnseite des großen Esstisches. Von dort brauchte er, ohne hinzuschauen, nur hinter sich zu greifen, um seine Flasche Schnaps zu nehmen und zu trinken. An diesem Tag griff er ins Leere. Sofort sahen wir es und

waren vor Angst ganz steif. Er kniff seine Augen zusammen und schrie: „Wo ist mein Schnaps, du mistige Kuh?"
„Ich hole ihn gleich. Entschuldigung, ich vergaß …"
„Du hast es vergessen? Ich schufte wie ein Ochse und du Rindvieh denkst nicht einmal an mich? Nur einen kleinen Schluck Schnaps zum Runterkommen gönnst du mir nicht?"
Meine Mama schrie nur: „Kinder, in eure Zimmer!" Wir konnten aber nicht gehen. Vor Angst saßen wir wie angeschweißt auf unseren Stühlen. Meinen Vater interessierte das nicht. Er sprang auf, raste auf Mama zu. Sie wollte hochspringen, aber er war schneller. Mit zwei Fingern griff er in ihre Wangen, Mama wimmerte. Er schlug zu, rechts, links, rechts, links, bis ihre Nase blutete. Wir Kinder weinten, ich schrie: „Bitte … hör auf, Mama …"
Beim letzten Schlag schrie er sie an:
„Und jetzt holst du meinen Schnaps, bevor ich mich komplett vergesse!"
Meine arme, geschlagene Mama verließ weinend die Küche und holte diese verdammte Flasche. Sie ging ins Band und wusch sich ihr Blut aus dem Gesicht. Endlich löste sich unsere Erstarrung, wir gingen zu ihr. Trotz der Gewalt meines Vaters war meine Mama so lieb zu uns. Ein böses Wort über unseren Vater kam nicht über ihre Lippen: „Er liebt uns, auch wenn er es nicht zeigen kann, daran müsst ihr immer glauben."
So klein ich auch noch war, wusste ich, dass diese Tatsache

nicht stimmte. Ich konnte es nicht glauben.

In dem Krankenhaus, in dem mein Vater arbeitete, war er genau wie in unserem Dorf immer sehr beliebt. Dieser Mann lebte seine zwei Seiten perfekt aus. Seine Stellung ermöglichte es ihm, gute Beziehungen zu Behörden und Ärzten aufzubauen, nur so kann ich mir erklären, dass er mit allem, was später passierte, durchkam. So ging ich zum Beispiel nie in einen Kindergarten, weil er es nicht wollte.
Warum war er nicht zufrieden mit seiner tollen Arbeit?
Warum dieser viele Alkohol jeden Tag?
Warum diese Gewalttätigkeit?
Wurde ihm alles zu viel?
Der große Hof, das große Haus und wir Kinder?
Wollte er das alles nicht?
Dann hätten meine Eltern doch alles verkaufen können, wir wären in ein kleines Haus gezogen und hätten als Familie unser Leben genossen.
Nein, für meinen Vater war das Leben perfekt – er ging arbeiten, versoff unser Geld, brüllte und schlug zu. Wir waren die Bauern in einem Schachspiel – arbeiten und nichts anderes zählte. Der Herr lebte sein Leben, wie er wollte und wir mussten gehorchen, egal ob wir Kinder oder Mama, spuren aufs Wort war seine Devise und wehe es klappte nicht.
Meine Mama hat mir mal erzählt, dass mein Vater das ganze Haus allein renoviert hatte, sogar einzelne Möbel

stellte er allein her.
Unsere Küche war groß, in der Mitte stand unser Esstisch. Wir Kinder hatten jedes den Luxus eines eigenen Zimmers. Weiter gehörten noch zwei Badezimmer, fünf Räume, eine Waschküche und Kellerräume zu unserem Haus.
In ein Zimmer durften wir nur zu besonderen Anlässen, wie Weihnachten zum Beispiel. Wir nannten es den „Blauen Salon." In dieser Farbe war der ganze Raum abgestimmt. Hellblau, dunkelblau und weiß. Wunderschön. Für mich als Kind war es immer sehr prachtvoll. Ehrfürchtig betrat ich es, wenn der große Weihnachtsbaum so wunderschön geschmückt vor mir stand. Selbst er war mit blauen und weißen Kugeln verziert.
War mein Vater früher mal ein anderer Mensch? Leider kann mir das niemand beantworten. Seine Eltern sind schon vor meiner Geburt verstorben, Geschwister hat er nicht.

Meine Schwester und mein Bruder besuchten schon die Schule, sie brachten nur gute Leistungen nach Hause, obwohl sie fast nie Zeit hatten zum Lernen. Bei mir war es von Anfang an anders. Schon bevor ich in die Schule ging, stellte ich mich zu Hause blöd an. Zumindest war es die Ansicht meines Vaters. Nichts konnte ich richtig machen. Ich verstand nicht immer gleich alles, was mir gezeigt und aufgetragen wurde. Oft bekam ich dafür einen Hieb auf den Po. Je älter ich wurde, desto schlimmer wurden die Schläge. Immer wieder schwor ich mir, besser aufzupassen. Ich wollte ein liebes, kleines Mädchen sein und verstehen – am liebsten sofort – was mir meine Eltern erklärten. Mama war geduldig mit mir, Papa nicht. Immer und immer wieder passierten mir Fehler. Mir fiel ein Glas aus der Hand, ich verstreute etwas zu viel Weizen für die Hühner oder ein Kaninchenstall war nicht sauber genug. Er fand immer einen Grund, mich zu schlagen.

Warum war ich nur so dumm?

Zu unserer Familie gehörte noch meine geliebte Oma. Mein Opa war auch schon verstorben. Sie war die Mutter meiner Mama.
Meine Oma liebte ich über alles. Unweit von uns lebte sie in einer Zwei-Zimmer-Wohnung. Wenn ich meine Arbeiten erledigt hatte, durfte ich zu ihr. Wir gingen gemeinsam spazieren, buken Plätzchen und Kuchen. Himmlisch schmeckte es, wenn ich die Schüsseln auslecken durfte. Bei ihr roch es immer so schön in der Küche. Oma las mir Märchen vor. Diese Zeit genoss ich mit jeder Faser meines kleinen Herzchens.
Meinem Vater gefiel es überhaupt nicht, wenn ich bei ihr war. Meine Mama verteidigte mich aber:
„Lass Manu doch zu ihrer Oma, es tut ihr so gut."
„Die soll gefälligst ihre Aufgaben hier gewissenhaft erledigen und nicht nur Flausen im Kopf haben", wetterte er. Die Küchentür stand offen, ich war gerade im Flur, als diese

Worte fielen.
Ich war noch ein ganz kleines Mädchen von nun sechs Jahren, da denkt er, ich hätte Flausen im Kopf? Nur weil ich so gern bei meiner Oma war?

In unserem Dorf fand in jedem Jahr im Juni ein großes Fest statt. Zu dieser Zeit schienen alle Einwohner unseres Ortes auf den Beinen zu sein. Es gab Karussells, Buden mit Zuckerwatte, Grillwürstchen und vielen anderen Leckereien. Was mich aber immer wieder aufs Neue beeindruckte, war der Fanfarenzug, der durch unser Dorf marschierte und auf dem Festplatz später noch Lieder spielte.
Warum können die das alle so toll?
Ist das nicht schwer, auf einer Fanfare so schön zu musizieren?
So gern würde ich das auch können wollen, bestimmt bin ich aber viel zu blöd dafür.

Ich war sechs Jahre alt und schon seit ich denken konnte davon fasziniert.

Das Fest war vorbei, heute war Montag. Mein Vater war nicht in der Kneipe. Beim Abendessen nahm ich allen Mut zusammen: „Bitte, bitte, darf ich beim Fanfarenzug mitmachen?"
Mama sah mich fragend an: „Du möchtest da mitspielen? Traust du dir das denn zu?"
Ganz überzeugt von mir nickte ich.
„Hm … dann werden wir mal darüber nachdenken."
Sofort schnauzte mein Vater los: „Ja klar, du dummes Gör willst Fanfare spielen. Dafür bist du doch viel zu blöd und außerdem – hast du zu Hause nicht genug zu tun? Wenn du

nicht ausgelastet bist, gebe ich dir noch Arbeit, die du erledigen kannst. Du rotzblödes Balg und Fanfare, dass ich nicht lache.” Er brach in schallendes Gelächter aus, abfälliger ging es nicht mehr. Meine Mama schritt ein:
„Sei doch nicht immer so gemein zu der Kleinen, sie ist unser Kind. Lass ihr bitte die Freude”, bettelte jetzt auch Mama.
„Nix da …”, polterte er zurück.
Doch sie gab nicht auf, mit viel Diplomatie erreichte sie mein Ziel:
„Schau mal, stell dir vor, wir stehen und schauen zu, wie unsere Tochter mit den anderen Musik auf der Fanfare spielt. Du würdest doch vor Stolz platzen, wenn die anderen Leute die Kleine loben. Wir werden doch sehen, ob es sie es schafft oder nicht. Wenn sie es nicht kann, nehmen wir sie wieder aus dem Verein. Komm schon, einen Versuch ist es doch wert. Lass ihr den Spaß … bitte.”
Mein Vater nahm einen kräftigen Schluck aus seiner Schnapsflasche und sah mich an. Vor Angst rutschte ich auf meinem Stuhl hin und her. Gleich werde ich eine Ohrfeige bekommen, weil ich mich getraut hatte zu fragen, ob ich bei unserem Fanfarenzug mitspielen dürfte. Er tat es nicht, sondern sprach völlig unerwartet die Worte: „Ja gut, wenn du es unbedingt willst, dann spiele da mit. Aber wehe, du machst mich lächerlich, dann bereust du, dass du überhaupt gefragt hast”, donnerte er mich an.
„Danke, Papa”, strahlte ich, wollte schnell zu ihm und ihn

an mich drücken, war ich ihm doch so dankbar dafür. Als ich vor ihm stand und gerade meine Arme hob und um seinen Hals legen wollte, schnauzte er mich sofort an: „Komm verschwinde!"

Enttäuscht von seiner Kälte ging ich in mein Zimmer.

Warum liebte er mich nicht?

Doch das tat er, hat Mama gesagt und wenn sie es sagt, stimmt es auch, oder? Als ich auf meinem Bett lag, hörte ich Papas laute Stimme. Er schrie Mama an:

„Nie wieder fragst du mich noch mal vor den Blagen, ob sie das oder das dürfen. Fanfare spielen, so ein Käse, das kann die doch eh nie und wird uns blamieren", schon hörte ich es klatschen.

Mama bekam Prügel nur wegen mir. Dabei wollte ich doch einfach nur Fanfare spielen und auch so eine tolle Uniform haben. Wie aufgeregt war ich vor der ersten Probe. Garantiert würden mich die anderen Kinder nicht mögen, weil ich mich richtig dämlich anstellen würde. Davon war ich überzeugt, trotzdem wollte ich mit aller Macht dabei sein. Meine Angst war völlig unbegründet. Sehr nett wurde ich begrüßt und in die Gemeinschaft aufgenommen.

Ich übte wie besessen, es gelang mir sehr gut. Für meinen Fleiß wurde ich oft gelobt. Papa wütete immer, wenn er mich beim Üben zu Hause erwischte:

„Dein Gedudel geht mir auf den Geist", pöbelte er mich an, mein Herz begann zu rasen und ich verspielte mich. Sofort brach er in sein schallendes und lautes Gelächter aus: „Ich sagte doch von Anfang an, dass du viel zu dämlich dafür bist."

Ich wollte ihm beweisen, dass ich es kann und übte noch mehr. Den Ehrgeiz für dieses Instrument ließ ich mir nicht nehmen.

Wie stolz war ich, als ich ein Jahr später zum ersten Mal mitmarschieren durfte. Eine blaue Hose und eine weiße Bluse mit dem Emblem des Vereins waren meine Uniform. Weil ich noch so klein war, lief ich beim Umzug in der Mitte mit drei anderen kleinen Kindern. Aber auf dem Festplatz durften wir kleinen Mäuse ganz vorn stehen und zeigen, was wir schon konnten. Meine Eltern, meine Geschwister und meine Oma standen am Straßenrand und klatschten. Auf dem Festplatz standen sie ganz vorn, um mich zu sehen. Sie lächelten mir zu.

Freudestrahlend rannte ich nach unserer Vorführung auf meine Mama zu, sie hob mich hoch: „Das hast du so fein gemacht, Manuela." Papa lächelte mich an: „Sehr gut, Manu." Ich war so stolz auf mich. Meine Oma hatte Tränchen der Rührung in den Augen, das weiß ich noch ganz genau: „Kleines, es war so schön, dir zuzuhören und dich zu sehen." Bei ihren Worten drückte sie mir Geld in die Hand: „Los, geh mit deinen Geschwistern Karussell fahren. Habt Spaß", lachte sie mich fröhlich an. Das ließen wir Kinder uns nicht zweimal sagen und stürmten los. Endlich einmal ausgelassen sein, es war so schön. Auf dem Kettenkarussell ließ ich mir den Wind um die Nase wehen und fühlte mich so frei. Ich flog durch die Lüfte, dieses Gefühl war wunderschön. Könnte ich doch immer fliegen, dann würde ich durch die Luft schweben, wenn Papa Mama schlug oder er uns Kinder anbrüllte und verprügelte. Später aßen wir alle gemeinsam Zuckerwatte und Grillwurst, dann war der schöne Tag leider vorbei. Auf dem Festplatz traf Papa einige seiner Saufkumpels, wie immer war er betrunken, wenn es nach Hause ging. Wir hatten solche Angst, dass er wieder ausrasten würde. Die Trunkenheit meines Vaters war für uns Kinder fast normal, wir kannten es nicht anders. Vor seiner Gewalt hatten wir trotzdem immer Angst, daran kann man sich nicht gewöhnen.

Zu Hause besaßen wir kein Spielzeug, ich hatte nur meine Puppe Nikki, die ich mal zum Geburtstag von meiner Mama bekam. Sie war mein Ein und Alles. Meine Schwester konnte viele Bücher ihr Eigen nennen, sie war eine Leseratte. Mein Bruder war stolzer Besitzer einer Eisenbahn. Mehr gab es für uns nicht.

Ein Puppenhaus, einen Puppenwagen oder einen Kaufladen – wir hatten nichts dergleichen. Zu Geburtstagen und Weihnachten bekamen wir nur praktische Sachen geschenkt. Etwas für die Schule, aber meistens waren es Klamotten oder selbstgestrickte Pullover von Mama. Anziehsachen waren für mich immer eine Freude, musste ich doch sonst die meiner Schwester auftragen.

Papa wollte nur, dass wir in Haus und Hof arbeiteten, also

brauchten wir kein Spielzeug, wir hatten sowieso nicht die Zeit dafür. Auch mit anderen Kindern spielen durften wir fast nie. Unsere Mama konnte an dieser, für uns Kinder schrecklichen Tatsache, leider nichts ändern.
Dass ich überhaupt bei meinem geliebten Fanfarenzug mitspielen durfte, kann man schon als Wunder bezeichnen.

So verliefen meine ersten Kinderjahre, geprägt von der Versorgung unserer vielen Tiere, helfen im Haushalt sowie Obst und Gemüse ernten. Es gab immer nur zu tun. Die viele Arbeit war mir aber egal, Hauptsache ich konnte meine Fanfare spielen. Dieses Hobby war neben meiner geliebten Mama, meiner Puppe Nikki und meiner Oma das Wichtigste für mich.
Meine Oma besuchte uns fast nie. Papa und sie verstanden sich überhaupt nicht. Oma sagte mir mal, als sie böse auf meinen Vater war:
„Warum musste deine Mama ausgerechnet diesen Mann heiraten?"
Ich antwortete ihr in meiner kindlichen Naivität:
„Aber Oma, sei doch froh, sonst hättest du mich nicht."
Daraufhin nahm sie mich lachend in den Arm:
„Das stimmt natürlich auch, Kleines."

Als ich in die Schule kam, tat ich mich sehr schwer. Die anderen Kinder kannten sich schon vom Kindergarten und es bildeten sich kleine Grüppchen. Ich gehörte nirgendwo

dazu.
Zu Hause hatte niemand Zeit oder Lust, mir bei den Hausaufgaben zu helfen oder gar mit mir zu üben. Für meinen Vater war die Schule auch nicht wichtig, nur ein notwendiges Übel.
Warum setzte er nicht alles daran, dass ich genauso gut in der Schule war wie meine Geschwister?
War es denn nicht wichtig, dass ich viel lernte und später einmal einen guten Beruf erlernen würde?
Manchmal, wenn er betrunken war, wollte er meine Hefte sehen. Ich war noch nicht gut im Schreiben, so sahen auch meine Hefte aus. Sofort hatte ich einen Schlag auf dem Hinterkopf, ich musste von Neuem beginnen. Gefiel es ihm wieder nicht, schlug er mir das Heft um die Ohren. Wollte Mama mich schützen, bekam sie auch Schläge. Es war ein Teufelskreis. Ich schlotterte schon vor Angst, wenn er nur sagte: „Zeig mir mal deine Hausaufgaben!"
Hätte er nicht etwas Geduld haben und mich loben oder mich anspornen können?
War ich ihm so egal?

Leider ja, ich sollte es noch sehr brutal erfahren.

Ich war acht Jahre alt. Als ich eines Morgens in die Küche kam, war meine Mama nicht da. Dabei wuselte sie immer hier herum, um Frühstück und unsere Brotdosen für die Schule zu bereiten. Mein Vater saß mürrisch am Tisch:
„Macht eure Pausenbrote allein, Mama ist krank!"
Erschrocken sahen wir ihn an, meine Schwester fragte:
„Was ist mit ihr? Was hat sie denn?"
Unser erster Gedanke war, er hat sie sehr schlimm verprügelt. Schnoddernd entgegnete er uns:
„Faulitis oder was weiß ich, was für ein Furz der Alten quer sitzt." Wie redete er nur über unsere Mutter? Sie war immer für uns und ihn da, war fleißig und liebevoll und er? Unglaublich.
Als wir aus der Schule kamen, schien es Mama besser zu gehen. Sie versorgte uns mit Mittagessen und ging danach zu den Ställen, um ihre Arbeit zu erledigen.

Leider hörte ich neuerdings immer öfter, wie Mama sich übergeben musste, sie aß kaum noch. Von nun an stand ich jeden Morgen eine Stunde früher auf, um Mama auch früh bei der Stallarbeit zu helfen. Ich ging zu ihr, wir fütterten zusammen die Tiere und säuberten die Ställe. Sogar den Schweinen und Kühen gab ich ihr Futter. Ich versuchte immer, beim Ausmisten zu helfen, es gelang mir mehr schlecht als recht, war ich dafür noch viel zu klein und schwach. Trotzdem versuchte ich es immer wieder und Mama lobte mich. Ihr war es gar nicht recht, dass ich vor

der Schule im Stall half, sie konnte mich jedoch davon nicht abbringen.
„Ach, Manuela, du sollst dich auf die Schule konzentrieren, ich schaffe das schon irgendwie. Dauert eben etwas länger."
„Nein, Mama, ich helfe dir." Niemals hätte ich sie mit der ganzen Arbeit morgens allein gelassen, schien sie doch immer noch krank zu sein. Meine Geschwister taten zu dieser Zeit nur, was sie an den Nachmittagen tun mussten. Sie waren viel größer und kräftiger als ich, warum halfen sie uns nicht?
„Nein, ich gehe doch nicht stinkend zur Schule", empörte sich meine Schwester, als ich sie bat, uns bitte zu helfen.
„Macht euren Mist allein", kam es nur von meinem Bruder. Früher hatten wir immer zusammengehalten, wo war diese Zeit hin?
Mein Vater half sowieso kaum, morgens schon mal gar nicht.
Ich verstand die Welt nicht mehr, wir drei mussten doch für Mama mit anpacken.
Selbstverständlich roch ich in der Schule sehr unangenehm. Ich wurde gehänselt, die anderen Kinder hielten sich die Nasen zu, wenn ich kam: „Iiiiiiiiiih, die stinkt nach Schwein oder Kuh." Mir war das aber völlig egal. Ich half meiner geliebten Mama, weil sie krank war und nur das zählte für mich. Sie sollte ganz, ganz schnell wieder gesund werden und dafür wollte ich alles mir Mögliche tun.

Leider ging es ihr immer schlechter. Ein paar Mal musste sie schon ins Krankenhaus. Was ihr wirklich fehlte, sagte mir niemand.

Ein paar Monate später war es so schlimm geworden, dass sie für längere Zeit in eine Klinik eingewiesen werden musste. Unser Vater schrie uns ständig an: „Macht dies … macht jenes", zufrieden war er nie. Allein konnten wir nicht alles bewältigen. Mein Vater entschloss sich, unsere Pferde, Kühe und Schweine zu verkaufen. Wir hatten dadurch weniger Arbeit, ganz klar, aber ob Mama das wollen würde? Diese Frage stellte sich nicht, niemand außer mein Vater hatte das Kommando, was zu Hause passierte und was nicht.

Wir Kinder waren so fleißig, ihn interessierte es nicht. Er kam jeden Abend besoffen nach Hause und schrie uns an oder schlug zu. Egal, wer gerade in der Nähe war, meistens war ich es, meine Geschwister waren gewiefter und schneller als ich.

Während dieser Zeit versorgte meine Schwester den Haushalt, so gut sie konnte, mein Bruder und ich fütterten die übrig gebliebenen Tiere und hielten die Ställe sauber.

Drei lange Monate lag meine Mama im Krankenhaus. Endlich kam sie zurück. Zu Tode erschrocken war ich, als ich aus der Schule kam und sie sah. Meine geliebte Mama war nur noch Haut und Knochen. Ihr rundes, fröhliches Gesicht war völlig eingefallen, kein Lächeln umspielte mehr ihre einst so schönen Lippen. Ihre Haut war weiß bis grau. Sie bot einen erbärmlichen Anblick. So oft ich konnte, kuschelte ich mich an sie: „Mama, ich habe dich so lieb. Gehst du bitte nie wieder so lange weg?" Darauf antwortete sie mir nichts, hielt mich nur ganz fest. Im Krankenhaus besuchen durfte ich sie nie, deshalb sah ich den Unterschied so extrem. Aber auch Papa fuhr selten hin, um bei ihr zu sein. Aber egal, sie war wieder da und das freute mich unendlich. Ich hatte meine geliebte Mama wieder.

Für die Arbeit fehlte ihr jegliche Kraft, sie konnte nichts mehr erledigen. Trotzdem hoffte ich, dass es ihr bald wieder besser gehen würde.

Meine Oma kam uns jetzt öfter besuchen. Wie freute ich mich darüber. Ich hatte sie doch so lieb. Sie kochte für uns und half beim Putzen.

Einmal belauschte ich ein Gespräch zwischen Papa und Oma:

„Nimm doch jetzt wenigstens Rücksicht auf deine Frau. Sie ist sterbenskrank", bettelte sie.

„Soll sie doch gleich verrecken, sie ist doch nur noch eine Last für uns alle", schnauzte Papa sie herzlos an.

„Sie ist immer noch meine Tochter und die Mutter deiner Kinder", donnerte Oma zurück.

„Ach … leck mich doch …", wetterte Papa und verschwand in seine Kneipe. Kopfschüttelnd und ratlos saß meine Oma auf dem Küchenstuhl.

Ich rannte zu ihr und stürzte in ihre Arme:
„Oma … was hat Mama denn? Ist es so schlimm?"
Mit weinerlicher Stimme entgegnete sie mir:
„Nein, Kleines, es wird alles wieder gut."
„Versprichst du mir das, Oma?"
Dazu sagte sie nichts.

Was ist sterbenskrank?
Heißt das, sie wäre bald tot und nie, nie wieder bei mir?
Diese Gedanken machten mir unglaubliche Angst. Ab jetzt musste ich noch fleißiger werden und Mama immer eine Freude bereiten. Das wollte ich ganz fest. Mit meinen Schulmaterialien malte ich ihr Bilder und faltete Karten, in die ich ganz liebe Worte schrieb. Mama freute sich sehr.
Sie liebte Volkslieder, vor allem: „Im Frühtau zu Berge …", dieses Lied spielte ich auf meiner Fanfare für sie, ich konnte es sehr gut, da wir es im Fanfarenzug in unserem Repertoire hatten.

Mama lag fast nur noch kraftlos im Bett. Fast jede Nacht schlich ich zu ihr unter ihre Decke, wollte ihr ganz nahe sein und zeigen, dass ich für sie da bin. Ich legte meinen kleinen, dünnen Arm und mein dünnes Beinchen über sie und hielt sie ganz, ganz fest. So fest ich nur konnte. Ich liebte meine Mama so sehr. Mir war egal, ob mein Vater besoffen schnarchend neben uns lag, wenn er überhaupt mal vor Mitternacht nach Hause kam. Oft schnauzte er

mich auch dann an: „Verschwinde in dein Bett, Mama bekommt es doch sowieso nicht mehr mit." Ging ich nicht sofort, hob er die Hand: „Ab mit dir, oder es knallt!" Natürlich verschwand ich aus lauter Angst vor ihm. Außerdem stimmte nicht, was er sagte. Mama bekam sehr wohl mit, dass ich bei ihr war. Schließlich hielt sie mich fest umarmt und sah mich immer an, bevor wir unsere Augen schlossen und unsere gegenseitige Wärme genossen.
Warum ließ er mich denn nicht bei meiner Mama? Wir störten ihn doch gar nicht.

Papa war in der Kneipe, ich lag in Mamas Bett in ihrem Arm, sie fragte mich:
„Manuela, würdest du für mich beten, wenn ich nicht mehr da wäre?"
An jedem Abend vor dem Schlafengehen falteten wir unsere Hände und sprachen mit Mama ein Gebet.
„Ja, Mama, werde ich immer machen, aber warum sagst du, dass du nicht mehr da wärst?"
Leider war sie schon eingeschlafen, ich war allein mit meinen Fragen.

Heute war Freitag, draußen regnete es in Strömen. Ich war immer noch acht Jahre alt. An diesem Tag wollte Mama unbedingt mit mir Mittagsschlaf halten, als ich aus der Schule kam. Es war äußerst ungewöhnlich, am Tag wurde bei uns wegen der vielen Arbeit nie geschlafen. Natürlich

stimmte ich freudig zu. Welches kleine Kind liebt nicht die Kuscheleinheiten mit der Mama?
Wir legten uns in ihr Bett, sie hielt mich ganz fest, ich schlief mit dem Gefühl großer Geborgenheit ein. Auch liebte ich es, wenn ich im Bett lag, dem Regen zuzuhören. Eng umschlungen in ihrem Arm fühlte ich mich so geliebt und wohl. Waren diese Momente doch so selten. Ich wachte auf, räkelte mich und rieb mir den Schlaf aus den Augen. Als ich meinen Kopf zur Seite drehte, war der Platz neben mir leer.
„Mama?”, flüsterte ich. Keine Antwort.
Sofort sprang ich hoch und lief in jedes Zimmer. „Maaaamaaaa … Maaammmaaaaa … wo bist du denn? Ich habe keine Lust auf Versteckenspielen und wenn musst du es mir vorher sagen, sonst ist es unfair.” Ich fand sie einfach nicht im Haus. Ich sprintete, so schnell ich konnte, zu den Ställen. Es regnete in Strömen, egal. Irgendwo musste sie doch sein. Überall suchte ich sie, nichts. Wieder rannte ich ins Haus und rief nach ihr. Mein Bruder sah gerade fern und schnauzte mich an:
„Mach doch mal nicht so einen Krach, sie wird einkaufen sein.” Dagegen sprachen zwei Tatsachen: Es war ein Freitag und es regnete. Mama ging freitags nie einkaufen und wenn es regnete, hatte sie immer ihre Regenjacke an. Diese hing aber unberührt an der Garderobe im Flur. Ich war mir ganz sicher, dass sie definitiv nicht einkaufen war. Ich wusste nicht mehr, wo ich noch suchen sollte. Wieder

rannte ich zu den Ställen. Jetzt bekam ich richtig Angst. Wo war sie denn nur? Noch mal alles von vorn. Ich suchte immer wieder in jedem Zimmer, schaute in ihr Bett und die Betten meiner Geschwister, wieder raus zu den Ställen, nichts. Ah, das hatte ich ganz vergessen, vielleicht war sie ja im Keller. Vorsichtig stapfte ich die Stufen hinab. Alles war hier dunkel und kalt, hier hatte ich immer Angst. Egal, ich musste sie finden.

„Mama? Bist du hier? Mama, melde dich … ich mag nicht mehr suchen." Nichts, sie war einfach nicht da. Ich war völlig außer Atem. So schnell meine Beine mich trugen, rannte ich in den Schuppen, schnappte mir mein Fahrrad und fuhr ungefähr eine halbe Stunde im Regen zu meinem Vater zur Arbeit. Wenn er mich auch ausschimpfen würde, nahm ich es hin. Wichtig war jetzt nur, wo Mama war. Völlig außer Atem und durchnässt kam ich bei ihm an. Endlich war ich in seinem Büro:

„Papa, Mama ist weg, ich habe schon überall gesucht." Ohne Schimpfen und Fluchen kam er gleich mit, warf mein Fahrrad in den Kofferraum und mit dem Auto ging es heimwärts. Zusammen suchten wir zu Hause noch einmal überall. Papa ging auf den Boden und ich schimpfte in Gedanken auf mich: ‘Warum habe ich dort denn nicht gesucht?’

Schon vernahm ich Papas Stimme:

„Ich habe sie gefunden, wir müssen einen Notarzt verständigen." Mein Bruder stürmte zum Telefon und rief die Rettung.

Mama lag in einem fensterlosen Raum auf dem blanken Fußboden, mit geschlossenen Augen eingerollt in einer Decke. Ein paar Minuten später waren die Sanitäter und der Notarzt bei meiner Mama. Endlich! Jetzt wird ihr geholfen! Mein Vater musste sie auf den Armen heruntertragen, die Trage passte nicht durch die enge Treppe. Auf dem Sofa wurde sie an irgendwelche Geräte angeschlossen, ein Tropf wurde gelegt. Mama wimmerte: „Es tut so weh."
„Gleich wird es Ihnen besser gehen", beruhigte sie der Notarzt.
Was passierte hier mit Mama?
Als sie sie abtransportieren wollten, rannte ich zu ihr: „Mama … was hast du denn?"
Ganz schwach sah sie mich mit Tränen in den Augen an und flüsterte kaum verständlich:
„Egal, was kommt oder geschieht, gib immer dein Bestes und niemals aufgeben, mein Mäuschen."
Mäuschen? So nannte sie mich nie. Kosenamen gab es bei uns nicht, außer von Oma, sie nannte mich immer Kleines. Nach ihren Worten sackte Mamas Kreislauf total weg. Ich hörte nur noch die Kommandos des Notarztes:
„Sauerstoff … Adrenalin … Defi …", alles sah so grausam aus. Wie sich der Oberkörper meiner Mama aufbäumte, als sie mit dem Defibrillator Elektroschocks bekam. Der Notarzt und die Sanitäter taten alles, was ihnen möglich war, um Mama wieder ins Leben zurückzuholen.

Alles war zwecklos. Traurig sah der Notarzt zu meinem Vater und schüttelte den Kopf: „Es tut mir sehr leid, wir können leider nichts mehr für ihre Frau tun.” Wir Kinder standen alle neben unserem Vater, Tränen liefen bei keinem von uns. Wir waren viel zu sehr geschockt, diesen schlimmen Albtraum miterleben zu müssen. Unsere geliebte Mama ist gestorben, einfach so. Die Tatsache drang nicht bis zu meinem Gehirn durch. Mama tot? Nein, sie wird bestimmt auf dem Weg ins Krankenhaus wieder wach.

Heute weiß ich, dass meine Mama schwer an Krebs erkrankt war. Sie wurde nach Hause entlassen, um im Kreise ihre Familie für immer einschlafen zu dürfen. Scheinbar hat sie gespürt, dass ihr Weg zu Ende ist und sich deshalb versteckt, um uns diesen quälenden und traurigen Abschied zu ersparen. Ich weiß es leider nicht, warum sie ausgerechnet auf dem Boden in einer Decke eingewickelt lag. Diese Antwort werde ich nie bekommen.

Wie meine Mama weggebracht wurde, weiß ich nicht mehr. Ich verlor immer noch keine Träne. Es war so unwirklich. Nein, so etwas Schreckliches gibt es doch nur im Film oder bei anderen Menschen. Meine Mama? Tot? Ich war doch noch klein, liebte und brauchte sie doch!

Das Gefühl, welches ich von dem Zeitpunkt an hatte, als Mama weg war, war das Verlorensein. Ich stand ganz allein

in unserem Flur, niemand war da. Unser Haus war leer. Wo waren denn alle? Jetzt schossen Tränen über meine Wangen. Verzweifelte Tränen. Keiner war da, der mich in den Arm nahm oder mir Trost spendete. Einfach NIEMAND! Ich war doch erst acht Jahre alt. Ab jetzt war ich allein, ich wusste es sofort. Mutterseelenallein. Ich zitterte, fror und war völlig verzweifelt. Wie soll es denn ohne meine Mama weitergehen? Es wird doch gar nicht funktionieren.
Vielleicht kommt sie ja doch noch zurück?
Die Ärzte machen sie bestimmt wieder gesund. In dieser Nacht weinte ich mich in den Schlaf. Allein war ich immer noch.

Am nächsten Morgen lief ich zuerst zu den Ställen. Hier fühlte ich mich meiner Mama so nah. Ich sprach mit den Kaninchen: „Ihr müsst ganz fest mit mir daran glauben, dass Mama wieder kommt, ja?" Ich vergrub mein kleines Gesicht in das Fell eines Kaninchens und weinte.
Als ich zurück in die Küche kam, saß Papa am Tisch und las Zeitung.
„Was ist mit Mama?", fragte ich ängstlich.
„Deine Mutter ist tot, die kommt nicht mehr, das weißt du, standest doch dabei", bekam ich völlig herzlos zur Antwort. Meine Schwester kam zu mir und nahm mich in den Arm. Wieder schluchzte ich, meine Schwester mit mir. Klar, wusste ich, dass Mama für immer von uns gegangen ist, aber ich wollte es nicht wahrhaben. In mir lebte bis jetzt

noch die Hoffnung, dass sie doch wieder zu sich gekommen ist. Trotz meiner Angst wollte ich zu Papa auf den Schoß. So schön wäre es, wenn er mich wenigstens jetzt in den Arm nehmen würde und mich tröstete.
„Nerv mich jetzt nicht, in die Schule brauchst du erst mal nicht und ihr zwei anderen auch nicht. Aber hier zu Hause geht die Arbeit weiter. Egal, die Tiere brauchen nun mal Futter und saubere Ställe."
Wir Geschwister hielten uns an diesem Tag fest in den Armen und weinten um unsere Mutter. Alle anfallenden Arbeiten erledigten wir dann zusammen, später waren wir alle drei bei meiner Schwester auf dem Bett. Wir beteten für unsere Mama:

„Liebe Mama,
bitte komm gut dort an, wo du jetzt hingehen musst. Vergiss uns nicht, wir vergessen dich nie. Wir versprechen, immer artig und fleißig zu sein.
Mama, wir lieben dich."

Unaufhörliche Tränen liefen über unsere Wangen. So schlimm es auch war, dass Mama für immer von uns gegangen ist, wir drei Geschwister waren füreinander da, es tat mir so gut.

An diesem Tag erlebte ich die letzten innigen Momente, die es in meinem Leben geben sollte.

Über mir lag eine schwarze Wolke, die noch schwärzer als schwarz werden sollte.

Eine Woche später fand die Beerdigung statt.
„Papa, kaufst du mir ein schwarzes Kleid?", fragte ich voller Hoffnung.
„Was willst du denn mit einem schwarzen Kleid?"
„Na, für Mama."
„Wie, für Mama?" Er sah mich etwas länger an, dann brach er wieder in sein fürchterliches, lautes Gelächter aus. Wie ich dieses Lachen hasste, und ich sollte es mein ganzes Leben hassen.
„Ach so, ich verstehe … wegen der Beerdigung."
Traurig nickte ich.
„Nix da, du bist für die Trauerfeier noch viel zu klein, du wirst nicht mitgehen."
„Bitte, Papa, ich möchte mit den anderen auf Wiedersehen zu Mama sagen … bitte."
„Ich habe nein gesagt."
Ich war noch zu klein für die Beerdigung meiner Mama? Vor einer Woche war ich noch genauso klein, da ist Mama vor meinen Augen gestorben, ich war genauso erst acht Jahre alt. Niemanden hat es da interessiert, dass ich noch klein war und Trost und Liebe gebraucht hätte. Und jetzt durfte ich nicht einmal auf Wiedersehen sagen? Wie unfair und lieblos mein Vater doch war. Er war es schon immer, aber jetzt war Mama gestorben und da hätte ich gedacht, nun ist er lieb zu mir. Er hat es mir verboten, zur Trauerfeier zu gehen, da gab es nichts daran zu rütteln.

Am Tag der Beerdigung saß ich wieder ganz allein zu Hause auf der Treppe im Flur. Fest hielt ich meine Puppe Nikki an mich gedrückt. Bitterlichste Tränen weinte ich in ihr Haar. Zitternd stand ich auf, rannte in mein Zimmer zum Fenster, öffnete es und sah in den klaren Himmel:

„Auf W … wieder … sehen Mama … ich … liebe dich … b … bitte komm wieder … ja? Lass … mich … nicht allein." Ich weiß noch ganz genau, dass ich immer wieder dieselben Worte wie ein Mantra sagte. So viele Fragen schwirrten durch mein kleines Köpfchen, die mir Angst machten.

Liegt Mama jetzt in einer kalten Kiste unter der dunklen Erde?

Wenn sie nun wieder raus will und niemand hört sie?

Wird sie frieren?

Hoffentlich hat Papa sie schön zugedeckt.

Wenn sie nun Durst oder Hunger bekommt?

In meinem Kopf war alles durcheinander, um mich herum war es nur kalt und dunkel. Ich weinte, bis die Trauergesellschaft bei uns eintraf. Meine Schwester nahm mich bei der Hand:

„Komm, Manu, ich erzähle dir, wie es war, o. k.?"

„Ja", schluchzte ich und ging mit ihr. Wir setzten uns auf ihr Bett und meine Schwester begann zu erzählen. Sie konnte nicht alles sagen, Weinkrämpfe unterbrachen sie immer wieder, an alles konnte sie sich nicht mehr erinnern.

„Mamas Grab ist voller bunter Blumen, Gestecke und

Kränze. Ganz, ganz viele Menschen waren dabei, bestimmt das ganze Dorf. Die Musik, die gespielt wurde, kenne ich nicht. Dazu kann ich dir nichts sagen. Vielleicht dürfen wir ja später noch mal zum Friedhof, dann siehst du alles selbst. Mamas Grab ist wirklich wunderschön." Wir hielten uns fest in den Armen und weinten.

„Jetzt lass mich bitte allein Manu, ja? Ich möchte versuchen, etwas zu schlafen." Wortlos ging ich aus dem Zimmer meiner Schwester. Weinend legte ich mich auf mein Bett, immer noch fest im Arm meine Puppe Nikki. Aus dem Wohnzimmer hörte ich Gelächter. Alkohol floss garantiert in Strömen, Witze wurden erzählt und sogar gesungen. Mama ist heute in den Himmel gegangen und die lachen und singen alle? Ich verstand mal wieder die Welt nicht mehr. Mittlerweile waren meine Geschwister zu Freunden gegangen. Ausnahmsweise erlaubte es mein Vater. Ich hielt es hier zu Hause nicht mehr aus. Heimlich schlich ich mich hinaus und rannte, so schnell ich konnte, zum Friedhof. Ich glaubte kaum, was ich da sah: Meine Schwester hatte wirklich nicht übertrieben. So viele Schleifen mit letztem Gruß, Gestecke, Kränze und Blumen, in allen Farben leuchtete Mamas Grab. Ich konnte nicht alle Schleifen lesen, weil sie sich gegenseitig verdeckten. Es waren so unendlich viele. Ehrfürchtig stand ich vor dieser traurigen Pracht und bewunderte sie weinend.

Ich setzte mich an die Seite ihres Grabes und versprach weinend, immer lieb zu sein und auf Papa zu hören. Mit meinen kleinen Fingern bohrte ich ein Loch in die Erde zwischen zwei Gestecken, so tief meine Finger kamen. Liebe Worte flüsterte ich in diese kleine Öffnung und hoffte von Herzen, dass Mama mich hören würde. Später legte ich mein Ohr auf dieses Loch und wünschte mir, Mama würde ein paar liebe Worte zu mir sagen. Leider blieb alles still.

Quälend und schmerzlich wurde mir bewusst – meine Mama kommt nicht mehr. Nie mehr. Sie war für immer weg.

Der Himmel verdunkelte sich, Regen setzte ein, doch es war mir egal. Ich blieb bei meiner Mama sitzen, bis es dunkel war. Die Dunkelheit auf dem Friedhof bereitete mir Angst, ich rannte nach Hause. Die feiernde Meute war weg, meine Geschwister auch. Wieder war ich ganz allein.

Allein!

Allein!

Allein!

Ein kleines, achtjähriges Mädchen in ihrer Trauer um die geliebte Mama war in den schlimmen Stunden und Tagen ganz allein. Diese schreckliche Stille schrie mich an. Ich hielt es nicht aus und rannte zu meiner Oma. Sie tröstete mich, bereitete mir etwas zu essen, beide weinten wir um Mama.

„Oma, es waren ganz viele Menschen dort bei Mamas Abschied, stimmt's?"

„Ja, Kleines, ganz viele, fast das ganze Dorf."

Etwas Stolz kam in mir auf: So viele waren bei Mamas

Abschied dabei, sie wurde gemocht. Leider verging die Zeit wie immer so schnell bei Oma, ich musste nach Hause. Ich durfte nie lange unterwegs bleiben, egal ob Papa zu Hause war oder nicht. Aber es könnte ja sein und käme ich zu spät, würde ich Prügel bekommen. Davor hatte ich Angst und ging immer zu einer bestimmten Zeit von meiner Oma nach Hause. Dort angekommen fühlte ich mich wieder ganz allein. Ich dachte an Mama, und es fiel mir siedend heiß ein: Mamas Lied!!! Man, war ich dumm.

Schnell rannte ich in mein Zimmer, holte mein Instrument und spielte: „Im Frühtau zu Berge …" In keinster Weise ist das ein Trauerlied, aber Mama liebte es und ich spielte es immer und immer wieder. Andere Lieder konnte ich auch sehr gut, wollte ich aber nicht. Dieses Lied liebte sie.

Sah und hörte sie mich? Ja, das tat sie, da war ich mir ganz sicher.

Als ich zwei Wochen später wieder zur Schule gehen konnte, wurde ich mit mitleidigen Blicken angesehen. Meine Klassenlehrerin sprach vom Lehrertisch aus:
„Bitte, liebe Kinder, nehmt Rücksicht auf Manuela. Sie hat gerade ihre Mama verloren und so etwas ist ganz schlimm. Seid lieb zu ihr und helft ihr, wo ihr könnt." Alle Blicke waren auf mich gerichtet. Ich hasste es. Nur normal behandelt und in die Gemeinschaft mit aufgenommen werden wollte ich, nicht mehr und nicht weniger. Ich dachte an meine Mama, Tränen liefen über mein Gesicht. Hastig wischte ich sie weg – niemand sollte meine Traurigkeit sehen. In den Pausen wurde ich nach dem Tod meiner Mama gefragt, ich antwortete nie, sondern rannte zur Toilette, schloss mich ein und weinte, bis der Unterricht wieder begann. Ich wollte nicht über meine Mama in der Schule sprechen.
Warum musste gerade sie sterben? Ich brauchte sie doch so sehr.

Es vergingen zwei oder drei Monate. Meine Geschwister bereiteten nur noch Ärger. Sie begingen Diebstähle, ließen sich erwischen oder zettelten Prügeleien an.
Mein Vater wurde oft deshalb in die Schule zitiert. Zu Hause tobte er natürlich wie ein Wahnsinniger. Wieder floss das Blut meiner Geschwister, er schlug mit dem Gürtel auf sie ein, bis sie nur noch kleine wimmernde Würmchen waren. Meine Angst vor ihm stieg ins Unermessliche.

Würde er mich auch mal so verprügeln?
Einmal war mein Vater so außer sich, dass er vor den Schlägen brüllte:
„Seid ihr denn völlig verblödet? Wollt ihr etwa in ein Kinderheim? Da geht es euch nicht so gut wie hier."
Mein Bruder war so mutig: „Alles ist besser als hier", antwortete er ihm.
„Ich schlag dich windelweich", brüllte Vater.
„Ja mach doch, ich habe keine Angst mehr vor dir." Der Schockmoment seiner Worte gegenüber meinem Vater war auf der Seite meines Bruders. Schnell verschwand er und schlug die Tür hinter sich zu. Ich machte mir vor Angst fast in die Hose, als er meine Schwester an den Oberarm griff und ihr immer wieder ins Gesicht schlug.
„Es … RUMS … hört … RUMS … sofort auf … RUMS … Ihr macht mich … RUMS … zum Gespött aller Leute … RUMS RUMS RUMS." Jedes RUMS war ein Schlag auf Gesicht, Rücken und Po. Er schlug sie dort, wo er gerade traf.
„Papa … bitte … hör auf …", weinte ich. Er schrie mich an: „Willst du die Nächste sein? Halt deine Klappe und verschwinde!" Ich ging aber nicht, erst als meine Schwester in ihr Zimmer durfte, bin ich mitgegangen. Kraftlos und blutend lag sie auf ihrem Bett und schluchzte hilflos. Ich streichelte über ihr Haar:
„Bitte bleibst du bei mir? Sei doch artig und du brauchst nicht weg", bettelte ich sie. Ich kann doch nicht auch noch

meine Geschwister verlieren.
„Manu, glaub mir, in jedem Heim ist es besser als hier. Am besten, du kommst mit:"
Ich verstand, dass es mit meinem Vater furchtbar war, besoffen und schlecht gelaunt brüllte er nur noch herum, ließ Haus und Hof verkommen, aber in ein Kinderheim? Papa sagte immer, das ist ein Gebäude mit einer hohen Mauer und Stacheldraht drum herum. Dort musste man hungern und wurde geschlagen. So etwas ist besser als zu Hause?

Mein Bruder und meine Schwester wurden immer schlimmer. Das Jugendamt wurde eingeschaltet, die beiden kamen in ein Jugendheim. Sie hatten sogar Schlägereien mit Lehrern provoziert, sie beleidigt und beschimpft. Es wurde bestimmt, dass sie sich von der Trauer um unsere Mama erholen sollten, dann würde weiter entschieden werden.
„Manu, bitte komm mit uns, bleib nicht hier", bettelte mich meine Schwester.
Nein, keine Chance. Ich hatte so eine große Angst vor dem Heim. Außerdem würde ich ja nicht in ein Jugendheim kommen. Ich war erst acht Jahre alt und somit wäre für mich ein Kinderheim zuständig. Ich wollte nicht eingesperrt sein.

Hätte ich nur im Ansatz geahnt, was auf mich zukommen würde, wäre ich freiwillig in Rekordschnelle barfuß über Kieselsteine in ein Kinderheim gerannt.

Nichts war schlimmer, als das, was auf mich zukommen sollte.

Mein Leben nahm eine noch grausamere Wendung.

Warum wurde meine kleine Kinderwelt so kalt und lieblos seit Mamas Tod?
Was habe ich denn nur getan?
Immer mehr allein und verlassen fühlte ich mich. Niemand sah, wie sehr ich Liebe und Hilfe brauchte. Außer meine Oma. Wenn ich bei ihr war, dachten wir immer gemeinsam an Mama, beteten für sie.
„Deine Mama wird immer bei dir sein, sie passt von oben auf dich auf. Wenn du immer an sie denkst, lebt sie in dir weiter."
„Glaubst du das wirklich, Oma?"
„Ja, ich glaube ganz fest daran und du solltest es auch tun."
Das versprach ich.
Niemals werde ich meine Mama vergessen.

Nur noch mein Vater und ich lebten jetzt in dem großen Haus. Immer wenn ich aus der Schule kam, war ich allein. Ich versorgte die Tiere, trotzdem hasste ich dieses Alleinsein. Gefühlsmäßig war alles kalt, dunkel und gruselig. Mein Vater kümmerte sich nicht um mich, außer dass ich pünktlich zur Schule ging und anständig angezogen war. Er half mir nicht etwa dabei, ich musste vor der Schule vor ihm stehen und mich zeigen. Wenn er zufrieden war, konnte ich gehen, war er es nicht, schlug er mir auf den Po. Völlig verweint ging ich an solchen Tagen in die Schule.

Ich kam aus der Schule, unser Haus war so leer. Alles ließ ich stehen und liegen, ich wollte zu meiner Oma. Dort angekommen, wurde ich von ihr sofort in die Arme genommen, es tat so gut. Ihre Geborgenheit half mir ungemein in meinen hilflosen Gedanken. Ich wollte nur geliebt werden, wie jedes andere kleine Kind. Sie gab mir das, was ich so sehr brauchte. Ich bekam meinen geliebten Milchreis mit viel Zimt und Zucker sowie eine große Schale Apfelmus. Hmmm … so lecker. Ich war selig. Als ich gegen Abend nach Hause kam, war Papa immer noch nicht da. Garantiert ist er von der Arbeit aus gleich in seine Kneipe gefahren. Ein Butterbrot zum Abendessen reichte mir, danach wusch ich mich in der Wanne und legte mich in mein Bett. Meine Puppe Nikki schlief immer bei mir. Ich war schon eingeschlafen, als ich seine Stimme hörte. Erst drang sie nicht wirklich zu mir durch. Als ich richtig wach war, hörte ich

seinen wütenden Kommandoton: „MANUELA!"
Jetzt war ich hellwach. Mein Wecker zeigte 00:13 Uhr an. PAPA! Er ruft mich mitten in der Nacht zu sich? Und wieder seine donnernde Stimme:
„Manuela, sofort bist du hier!" Er war total betrunken, ich hörte es ganz genau.
„Manuela, sofort in die Küche!"
Meine Angst stieg und stieg, was wollte er denn mitten in der Nacht von mir?
Widerwillig krabbelte ich aus meinem Bett und setzte meine kleinen Füße auf den Boden. Einen nach dem anderen. Mein Fenster stand weit offen, draußen war es noch so schön warm. Trotzdem fror ich seit Mamas Tod fast immer zu Hause. Es schien alles nur kalt und dunkel zu sein. Ich huschte in meine Schläppchen, nahm meine Puppe fest in den Arm und ging zu ihm.
Bestimmt sollte ich ihm Schnitten zubereiten oder etwas in der Art.

Angst hatte ich immer vor ihm, also beeilte ich mich jetzt, seiner Aufforderung nachzukommen. Tief im Inneren hoffte ich in meiner kindlichen Sehnsucht nach Liebe, er würde mich in den Arm nehmen und mich trösten. So sehr sehnte ich mich danach. Er war doch mein Papa und Papas lieben ihre Kinder.

Leider kam es anders, so anders, wie ich es mir in meinen schlimmsten Träumen nicht hätte vorstellen können. Ich trat in die Küche, er lächelte mich an.

Puuuuh, Papa lächelte, dann wird es nichts Schlimmes sein, was er von mir will.

„Hallo meine Schnecke, wollen wir an Mamas Bett gehen und an sie denken?"

Ja, klar wollte ich das und wie. Ich wünschte mir von ganzem Herzen, wir reden beide über Mama und er hält mich dabei ganz fest.

Papa setzte sich auf die Bettkante, tätschelte mit einer Hand auf den Platz neben sich:

„Na komm schon, setzt dich her."

Ich tat es, er legte einen Arm um mich:

„Deine Mama hat dich immer sehr lieb gehabt, das weißt du oder?"

„Ja", flüsterte ich. In Gedanken an meine Mama wurde ich ganz traurig.

„Ich weiß auch, dass du ihr versprochen hast, immer auf mich zu hören. Möchtest du das immer tun?"

„Ja, Papa, ich will immer artig sein."

„Das ist schön. Weißt du, Schnecke, du könntest doch ab jetzt die Rolle deiner Mama einnehmen."
Warum nannte er mich überhaupt Schnecke? Sagte er nie zu mir, warum jetzt?
Was meinte er denn jetzt damit?
Ich verstand überhaupt nichts. Ich war doch noch viel zu klein dafür. Ungläubig sah ich ihn an, er lachte:
„Na, willst du nicht ab jetzt die Mama sein? Wir haben doch sonst keinen mehr."
Das traute er mir zu? Ich sollte sein wie Mama?
Wie eine erwachsene Mutter?
Oh ja, das wollte ich, hatte ich ihr doch versprochen, alles zu tun, was er sagt.
„Ja Papa, das will ich, ich weiß aber nicht, ob ich das kann", mehr dachte ich in diesem Augenblick nicht. Er lachte wieder:
„Da gehört nicht viel dazu, ich lerne dir das schon."
Völlig unbedarft nickte ich und wollte zurück in mein Bett:
„O. k., Papa, dann gehe ich jetzt schlafen und morgen mache ich alles, was ich kann. Ich putze …", weiter kam ich nicht. Er legte seinen Finger auf die Lippen: „Pssssst … du musst nichts weiter sagen, einfach nur machen, was ich dir sage … jetzt."
Jetzt? Es war mitten in der Nacht, was sollte ich denn tun um diese Uhrzeit?
Vorsichtig nickte ich, immer noch wollte ich in mein Bett, hier lag etwas in der Luft, was mir große Angst machte.

Schon hörte ich seine Worte:
„Zieh dich aus!", kommandierte er mich ohne Umschweife. Ich brauchte etwas, um zu begreifen, was er von mir verlangte: „Warum?"
„Weil Mamas das so machen, wir spielen jetzt Mutter und Vater."
Ich gehorchte, langsam zog ich Teil für Teil aus. Im Schlüpfer stand ich vor ihm.
„Den auch!"
Ich wollte das aber gar nicht, so sollte er mich nicht sehen, mir war es jetzt schon so peinlich. „Na los!" Am liebsten wäre ich weggelaufen, ich traute mich aber nicht. Ich ließ mein Unterhöschen fallen. Plötzlich zog auch er sich aus, ganz schnell, als könnte er irgendwas gar nicht erwarten. Sein ekelhafter Geruch stieg in meine Nase. Er stank nach altem Schweiß, seine Schnapsfahne brannte in meiner kleinen Nase. Immer noch war ich völlig ahnungslos, was hier passieren sollte. Etwas stimmte nicht, das war mir klar, und ich sollte mich nicht irren.
„Nein, Papa, ich will das nicht weiterspielen, ich bin so müde."
Er hielt mich fest und sagte: „Wenn du nicht mitspielst, bringe ich dich in ein Kinderheim mit Stacheldraht und Mauer. Willst du das?"
Natürlich wollte ich das nicht, dieser sogenannte Vater spielte mit meiner Angst, es bereitete ihm ungemeine Freude, mich einzuschüchtern. Das Heim verängstigte

mich mehr als alles andere.
Papa nahm meine kleine Hand in seine große Männerpranke und führte sie zwischen seine Beine, drückte sie fest um sein ekeliges Ding herum und rieb hoch und runter. Es wurde immer größer und steifer. Warum stank es so? Zeit zum Nachdenken hatte ich keine mehr. Er ließ meine Hand los, packte mich an den Hüften und warf mich auf Mamas Bett. Als er sich auf mich legte, begann ich zu schreien:
„Hör auf, Papa, ich bekomme keine Luft, du bist so schwer."
Wieder nur dieses fiese Lachen von ihm. Was passierte hier?
Völlig unerwartet durchfuhr mich ein Schmerz, den ich nicht in Worte fassen kann. Es zerriss mich in Stücke, als mich mein Vater rücksichtslos vergewaltigte. Er stieß immer wieder in mich und stöhnte. Ich wand mich unter ihm, weinte und schrie. Er hörte nicht auf. Es tat so schrecklich weh. Ich war ein kleines Mädchen von acht Jahren und schrie mir die Seele aus dem Leib. Mein Bewusstsein wurde unklarer, endlich erlöste mich eine Ohnmacht. Die Schmerzen waren nicht auszuhalten, mein Gehirn schaltete komplett ab.
Als ich wieder zu mir kam, lag ich immer noch in Mamas Bett. Mein Vater legte mir einen kalten Lappen auf meine Stirn. Er sollte weggehen von mir. Nie wieder sollte er mich anfassen. Meine Schmerzen waren sofort da. Alles tat mir weh. Vor allem mein Unterleib und meine Oberschenkel.

Sie fühlten sich an, als wären sie von meinem Becken getrennt. Zu keiner Bewegung war ich fähig. Meine intimsten Stellen pochten stark mit meinem Herzschlag. Mein Vater zog sich an:

„Das ist jetzt unser Geheimnis, schließlich habe ich dich vorher gefragt, ob du Mama sein willst und du wolltest es. So etwas gehört eben auch dazu. Mamas und Papas zeigen sich so, wie lieb sie sich haben." Ich hörte nicht mehr zu. Endlich verließ mein Vater das Schlafzimmer. Ich lag schockiert und gelähmt im Bett. Bewegung war mir nicht möglich. Gefühlt vergingen Stunden, bis ich mich irgendwie aufraffen konnte. Das Bettlaken war voller Blut, zwischen meinen Beinen lief es auch herab. Was hatte er mir nur angetan? So etwas machen Papas? Ich dachte an meine Mitschülerinnen. Sie waren alle immer so fröhlich. Wenn ihnen ihre Väter aber dasselbe antaten, hatten sie denn keine Schmerzen?

Warum stellte ich mich denn wieder so dämlich an?

Vorsichtig tapste ich in mein Zimmer, schluchzend kniete ich mich unter Schmerzen hin und betete. Wie sehr vermisste ich meine geliebte Mama:

„Bi … tte hol … mich … hier weg … es … tut … so weh … M … Ma … Mama." Meine Puppe Nikki nahm ich fest in meine Arme. Blut lief unaufhörlich aus mir. Ich steckte mir ein Handtuch zwischen meine Beine. Jetzt durchfuhr mich eine ungeheure Verzweiflung und Wut. Schnell nahm ich meine Schere und stach Nikki die Augen aus. Sie sollte

nie wieder mit ansehen müssen, was er mir antat. Er sagte ja ganz deutlich, dass Mamas und Papas sich so ihre Liebe zeigten. Ich wollte Mama sein und musste das ertragen oder vielleicht irrte ich mich auch. Papa hat bestimmt gemerkt, dass ich für so etwas noch viel zu klein war. Mit dieser Hoffnung schlich ich mich ins Bad und setzte mich in die Badewanne. Ich schrubbte mich zwischen meinen Beinen wie besessen. Die Schmerzen waren unerträglich, aber ich musste seinen Geruch und das ekelige Zeug abschrubben. Auch meine Hände wusch ich, bis sie knallrot waren. Das Wasser war so heiß, dass es ich es gerade noch so ertragen konnte.
Wenn das Liebe sein soll, warum tut es denn so weh?

Der Anfang meiner neuen Hölle hatte begonnen. War der Tod meiner Mutter schon ein Albtraum in meiner kleinen Kinderwelt, übertraf die Tat meines Vaters alles bisher Dagewesene.
Von nun an rief er mich zwei Mal in der Woche in Mamas Bett und vergewaltigte mich. Er lebte seine Dominanz mir gegenüber komplett aus, ich war vor nichts mehr sicher. Da er aber immer als der tolle Papa gelten wollte, achtete er darauf, dass ich immer pünktlich zur Schule ging. Ihm waren meine Schmerzen und meine Qual völlig egal. Zwischen meinen Beinen ließ meine Pein nie wieder nach. Zum Heilen hatte ich nicht die geringste Erholungsphase.

Mir wurde alles einerlei. In der Schule starrte ich nur Löcher in die Luft, ich arbeitete in keinster Weise mit. Meine Mitschüler und die Lehrer dachten, mir geht es schlecht wegen der Trauer um Mama. Das stimmte auch, aber was mir mein Vater immer und immer wieder antat, überschattete alles. Ich lebte nur noch in Schrecken, Schmerzen und Entsetzen. Am liebsten hätte ich alles herausgeschrien, ich schaffte es nicht. Mir würde sowieso keiner glauben.

Jeden Nachmittag ging ich zu meiner Oma. Ein kleines Stückchen Geborgenheit wollte ich mir bei ihr holen, ich bekam sie nur noch hier. Heute gab mir Oma eine Scheibe Brot mit Butter: „Iss mal, Kleines, du wirst ja immer dünner. Ist denn alles in Ordnung zu Hause?"
„Ja Oma, es ist alles o. k." Nicht mal bei meiner Oma schaffte ich es, mich zu offenbaren und von diesen Ungeheuerlichkeiten zu erzählen. Ich traute mich einfach nicht. Als mich meine Oma zum Abschied in ihre Arme nahm, wollte ich am liebsten gar nicht gehen. Sie sollte mich für immer ganz festhalten, meinen Papa ausschimpfen und mich zu sich nehmen. Es wäre mein kleines Paradies hier bei ihr. Eine letzte Umarmung in ihrer Haustür, plötzlich stand Papa vor uns. Sofort schrie er Oma an:
„Lass Manuela gefälligst in Ruhe", bei jedem Wort von ihm bekam ich einen Stoß in den Rücken, somit schubste er mich aus dem Gebäude. Oma schrie hinter uns her: „Lass doch die Kleine zu mir. Was ist denn daran schlimm?" Er

antwortete nicht darauf, sie war Luft für ihn. Mir tat es in meiner Seele so weh. War meine Oma doch die Einzige, die noch für mich da war, die mir Liebe schenkte. Den ganzen Weg nach Hause wütete er:
„Hast du zu Hause nicht genug zu tun?"
„Ich … wollte … doch nur Oma … besuchen. Sie freut … sich immer wenn ich … komme."
„Schluss damit. Ich will dich da nicht mehr antreffen." Ich schluchzte. Das war doch jetzt nicht sein Ernst. Ich konnte ihn nicht im Geringsten verstehen. Hätte ich etwas Böses getan und jetzt Strafe verdient, wäre das völlig o. k. Was hatte ich denn aber so Schlimmes verbrochen, dass ich nicht einmal mehr zu ihr durfte?
Als wir in unserer Küche ankamen, schrie er mich weiter an: „Nie wieder gehst du zu Oma!" Ich stotterte schluchzend: „Warum denn nicht?"
„Weil ich es dir sage. NIE WIEDER!" Selbstverständlich versprach ich es ihm, hielt mich aber nicht daran. Niemand konnte mich davon abhalten, meine geliebte Oma zu besuchen. Wenn mein Vater nicht zu Hause war, ich meine Aufgaben erledigt hatte, schlich ich mich zu ihr. Für mich wurde mein Zuhause ein Leben auf dem Pulverfass. Jederzeit könnte er mich dabei erwischen und es war kaum auszudenken, was dann mit mir passieren würde.
Oma spielte Karten mit mir und spürte, dass mit mir etwas nicht stimmte. Auch sie schob es, wie alle anderen, auf die Trauer um meine Mama.

Von nun an begann mein Vater, mich von allem zu isolieren. Es hagelte nur noch Verbote für mich. Freunde hatte ich noch nie, aber von nun an DURFTE ich keine haben. Keine Geburtstage und kein Weihnachten gab es mehr für mich. Worauf sich jedes Kind freut, war für mich tabu. Weihnachten waren ab jetzt Tage wie alle anderen. Kein Highlight, genauso wenig wie mein Geburtstag. Er gratulierte mir nicht einmal. Wie beneidete ich meine Mitschüler, die einfach Kind sein durften. Die spielen, toben, Neugier ausleben, Weihnachts- und Geburtstagsfeste feiern konnten, ohne Angst vor Strafen und Missbrauch haben zu müssen. Obwohl, bei dem Missbrauch war ich mir damals noch nicht sicher, ob das vielleicht alle Papas mit ihren Kindern machten.

Heute war ein wunderschöner Frühlingstag, die Sonnenstrahlen kitzelten mich beim Aufwachen, Vögel zwitscherten. Kaum war ich wach, hörte ich ihn schon: „Manuela! Zieh dich an, wir fahren deine Geschwister besuchen."
Bitte was? So schnell ich konnte, sprang ich aus meinem Bett, zog mich sofort an und rannte in die Küche. Mein Vater saß am Tisch: „Mach Frühstück, aber ganz schnell und dann fahren wir!"
Kaum dort angekommen, sah ich schon die große Mauer um dieses Gebäude, in dem meine Schwester und mein Bruder wohnten. Als wir in der großen Halle ankamen, zitterte ich vor Angst. Hier war alles so dunkel und die Wände

so hoch. Mein Vater schnauzte mich gleich an: „Guck doch nicht so dämlich. So sieht es in Heimen aus für böse Kinder. Ich kann dich gern hier lassen."
Mit meinem ganzen Mut entgegnete ich ihm: „Das ist doch aber ein Jugendheim." Unsicher sah ich ihn an.
„Na und? Kinderheime sind noch schlimmer, das glaube mir mal." Kein Wort kam mehr über meine Lippen.
Hier war es auch so kalt. Nein, hier wollte ich nicht sein und wenn Kinderheime noch schlimmer sind, dann schon ganz und gar nicht.

Ich war so dumm!!!

Als meine Geschwister endlich zu uns kamen, freute ich mich sehr. Meine Schwester nahm mich fest in ihre Arme: „Hey Manu, du bist ja so dünn geworden." An diesem Tag gingen wir alle gemeinsam Eis essen. Es wurde ein schöner Nachmittag, Papa war nicht böse und sprach ganz normal mit uns. Als wir in das Heim zurückgingen, nahm mich meine Schwester zur Seite:
„Meine Kleine, wenn ich alt genug bin, beginne ich eine Ausbildung. Bitte geh auch in ein Heim. Ich sehe doch, was zu Hause los ist. Ich weiß genau, was der Alte dir antut, genau deshalb wollten wir um jeden Preis weg von ihm. Bitte …"
Ich war aber so besessen von der Angst vor einem Kinderheim, dass ich nur heftig mit dem Kopf schütteln konnte.

Nach unserem Abschied gingen die zwei fröhlich zu ihren Zimmern. Wie es dort aussah, wusste ich nicht. Mein Vater hielt es nicht für notwendig, sich anzuschauen, wie meine Schwester und mein Bruder untergebracht waren. Ich durfte erst gar nicht daran denken, mir alles anzuschauen. Hätte ich doch sehen können, dass es gar nicht so schlimm war, wie er es mir ausmalte, dieses ganz schreckliche und fürchterliche Wohnen in einem Kinderheim.
Auf dem Weg nach Hause war mein Vater sehr lieb zu mir. Doch entspannen konnte ich mich nicht. Jede Sekunde konnte seine Stimmung umschlagen. Ich rechnete immer mit irgendeiner Strafe. Alles hätte ich dafür gegeben, wenn meine Geschwister wieder zu Hause wären.
An diesem Tag blieb er ruhig. Wir schauten abends sogar zusammen fern. Selbst seine Stimme mir gegenüber war freundlich.
Dieser eine Tag war leider die absolute Ausnahme.

Einen Tag nach meinem neunten Geburtstag rief er mich mal wieder:

„Manuela, komm in den Kuhstall, sofort!"

Ich hatte schon meine guten Klamotten an, in einer Stunde war Probe beim Fanfarenzug. Kaum war ich dort, donnerte er mir entgegen:

„Ausziehen!"

„Jetzt? Warum?"

Schon saß die erste Ohrfeige auf meiner linken Wange.

„Wann kapierst du endlich, dass du das zu tun hast, was ich dir sage. Es gibt hier keine Widerrede, also ausziehen!"

Ich hatte keine andere Wahl, so entledigte ich mich meiner Kleidung mit schlotternden Knien und rasendem Herzen. Ich wusste genau, was auf mich zukommen sollte. Sofort warf er mich auf dem Boden, spreizte brutal meine Beine und stieß in mich hinein. Mich zu wehren war keine Option. Dafür hatte ich viel zu viel Angst. Heute kannte er überhaupt keine Grenzen mehr. Eine Hand griff unter meinen Po, er steckte einen Finger hinein. Vorn sein ekelhaftes Ding in mir und hinten sein Finger. Die Schmerzen waren unbeschreiblich. Jeder Stoß und sein Finger ließen mich Blitze vor meinen Augen sehen, ich weinte und brüllte. Ich war ihm viel zu laut, er nahm seinen Finger aus mir und hielt mir den Mund zu, bis er endlich fertig war. Am liebsten hätte ich zugebissen, ich traute mich nicht. Endlich ließ er von mir ab, zog seine Hose hoch und lachte mich an:

„Das war doch gut, du bist immer noch so schön eng. Macht

Spaß mit dir. Dir wird es auch bald gefallen. Zieh dich an und komm in die Küche!"
Mir war übel vor Schmerzen, kaum war er hinausgegangen, übergab ich mich da, wo ich immer noch lag. Auf dem blanken Stallboden. Hier standen mal unsere Kühe, sie hätten uns zusehen können. Vielleicht hätten sie erkennen können, wie ich wie ein Häufchen Elend leidend dalag unter wahnsinnigen Schmerzen.

Vorsichtig zog ich mich an, trotz meiner Pein musste ich schnell sein, denn wenn der Herr rief, hatte ich schnurstracks parat zu stehen. Gebeugt und humpelnd ging ich in die Küche. Als er mich sah, brach er in dieses fürchterliche, laute Gelächter aus: „Schau dich mal an! Wie du aussiehst! Ekelhaft!" Tränen liefen über mein kleines Gesicht.
„So, aber egal, ich will, dass du heute deine Fanfare abgibst." Seine donnernden Worte konnte ich erst gar nicht begreifen. Als sie mit voller Wucht bei mir ankamen, war ich völlig geschockt.
„Warum?", flüsterte ich ängstlich.
„Weil du keine Zeit mehr für so einen Quatsch hast. Wenn dich jemand fragt, du hast keine Lust mehr und wehe, du sagst etwas anderes. Dann setzt es richtig was!"
„Ich möchte doch aber Fanfare spielen. Bitte Papa … es macht mir so großen Spaß."
„Hast du es immer noch nicht begriffen? Du tust das, was

ich dir sage! Ende der Diskussion!"
„Bitte", versuchte ich zu betteln. Er griff mich, legte mich über sein Knie und drosch mir dreimal auf meinen Po, der durch seinen Missbrauch schon so weh tat. Mein ganzer Unterleib war brennendes Feuer. Genau wissend, dass ich tun musste, was er verlangte, holte ich meine Fanfare und ging zum Verein. Heute war Probe und meine einzige Freude, die ich noch hatte.
Was war denn schlimm daran, Oma zu besuchen und in einem Spielmannszug zu spielen? War ich so böse, dass ich derart bestraft werden musste? Grübeln, grübeln, grübeln, Antworten gab es nicht.

Mit Tränen auf meinen Wangen fuhr ich mit meinem Fahrrad zu dem Raum, in dem wir immer unsere Lieder übten. Immer war ich mit Feuereifer dabei.
Weinend gab ich meine Fanfare ab.
„Aber warum denn, Manu? Du warst doch so gut und es hat dir großen Spaß gemacht?"
Der Leiter unseres Zuges war ganz bestürzt.
Weinend stotterte ich: „Ich … habe … keine Zeit mehr, muss … zu Hause viel helfen und Lust habe ich auch nicht mehr." Herrgott, wie schwer mir diese Worte fielen. Kaputt, alles war kaputt.
„Soll ich mal mit deinem Papa reden? Vielleicht gibt es eine einfache Lösung. Ich will dich nicht verlieren, Manuela." Dieser verständnisvolle Mann war so nett zu mir.

„N … nein, bitte nicht …", schluchzend rannte ich aus dem Raum.
Ich hatte keine Mama mehr, durfte nicht mehr im Fanfarenzug spielen, mit anderen Kindern spielen war streng verboten.
Meine Oma konnte ich nur heimlich besuchen.

Ein paar Wochen später nahm ich all meinen Mut noch einmal zusammen:
„Papa?"
„Was ist denn jetzt schon wieder? Du gehst mir so auf die Nerven." Mein Mut sank mir in die Hose. Trotzdem wollte ich noch nicht aufgeben.
„Papa … bitte, darf ich wieder Fanfare spielen und zur Oma gehen?"
„Hör auf mit dem Kram! Du hast zu Hause genug zu tun. Hast du schon alles geputzt?"
Ängstlich nickte ich. Ja, ich war fleißig. Vielleicht ist er ja zufrieden und lässt mich doch gehen.
Wie aus dem Nichts beförderte er zwei weiße Handschuhe aus seiner Hosentasche, ging zum Wohnzimmer und fuhr mit einem Finger über den Rand eines Regales. Natürlich war ich nicht gewissenhaft genug, ein paar Flusen hatte er jetzt an seinem weißen Handschuh. Voller Wucht landete seine Hand in meinem Gesicht.
„Jetzt weißt du, was du noch alles zu tun hast. Wenn ich wieder nach Hause komme, ist alles blitzblank, sonst

findest du dich nicht wieder, du kleines Miststück! Und mach mir, wenn ich zurückkomme, etwas Vernünftiges zu essen! Zu mehr scheinst du ja nicht zu gebrauchen zu sein."
Ich stand zitternd vor diesem großen Mann, der sich mein Vater nannte und weinte. Dafür kassierte ich die nächste Ohrfeige. Ein Schlag ins Gesicht für Kindertränen.
„Lass das dämliche Heulen, ich kann dich auch ins Heim bringen!"
Davor hatte ich so entsetzliche Angst. Ab jetzt wollte ich alles genau so erledigen, wie er es verlangte. Bloß bitte nicht in ein Kinderheim.

Als mein Vater an diesem Tag besoffen nach Hause kam, verlangte er sein Essen.
„Aber kein Brot, das kann ich nicht mehr sehen. Du wolltest Mama sein, also benimm dich auch so!", herrschte er mich eiskalt an.
Ich hatte nicht die geringste Ahnung vom Kochen. Dafür war ich noch viel zu klein. Nein, stimmt nicht ganz – ich war jetzt die Mama und Mütter kochen nun mal für ihre Männer und ihre Kinder. Das werde ich schon schaffen.
Ich überlegte mir, Rühreier zuzubereiten. Das kann ja nicht so schwer sein. Ich nahm eine Pfanne aus dem Schrank, schob mir einen Stuhl vor den Herd und kniete mich darauf. Ich reichte noch nicht ganz hoch. Ich schlug die Eier in die Pfanne und rührte sie durch. Als ich alles vermengt hatte, kletterte ich vom Stuhl, nahm die Pfanne und kippte alles

auf einen Teller. Irgendwie sahen Rühreier bei Mama immer anders aus. Bei mir waren sie noch roh, aber wie geht das, dass sie so lecker aussehen wie bei ihr? Voller Angst rief ich: „Papa, Essen ist fertig." Er kam, sah auf seinen Teller und schnauzte mich an:
„Was ist das denn für eine Moppelkotze? Bist du sogar für Rühreier zu dämlich?" Wütend warf er den Teller durch die Küche, an der Wand zerschellte er, die Eier liefen in Fäden herab zum Boden. Ich bebte, diese ständig lodernde Angst brachte mich fast zum Wahnsinn. Nie werde ich ihm gerecht sein können. Nie! Nie! Nie! „Saubermachen, aber dalli!", schrie er mich an und verschwand. Ich zitterte wieder mal am ganzen Körper.

Ich ging in die Schule, putzte das große Haus, versorgte unsere Tiere. Mein Vater erledigte nur noch das Notwendigste. Unser Hof sah schon völlig verkommen aus. Bei Mama war immer alles sauber und ordentlich.
Dass unser Futter nicht mehr lange für unsere Tiere reichen würde, sagte ich ihm:
„Papa, unser Futter wird alle."
„Weiß ich, ich werde alle Tiere verkaufen. Ich habe keine Lust mehr auf den ganzen Mist hier!"
„Alle?"
„Ja, aber das geht dich einen Dreck an, außerdem hast du dann viel mehr Zeit zum Putzen, Kochen und für mich." Ich glaubte kaum, was ich zu hören bekam. Mein Vater

vernichtete alles, was mich an Mama erinnerte. Nun auch noch unsere letzten Tiere. Zwei Wochen später war alles über die Bühne gegangen. Unsere Ställe waren jetzt leer, Vater freute sich über das Geld. Ich sah davon natürlich nichts, war ich doch noch ein Kind, welches das Geld zugeteilt bekam für ein paar Einkäufe. Denn das gehörte nun auch zu meinen Pflichten: Einkaufen zu gehen. Beim ersten Mal stellte ich mich an wie der erste Mensch. Hatte ich doch nicht die geringste Ahnung, was ich kaufen sollte. Alkohol musste er sich selbst besorgen, den durfte ich noch nicht, aber was soll ich denn mitbringen? So tat ich meinen Einkaufskorb, was ich dachte. Mehl, Eier, Zucker, Kaffee, Aufbackbrötchen, Brot, Wurst, Kartoffeln. So gern hätte ich mir Gummibärchen gekauft, das war aber verboten. Es war das Einzige, wovon ich Ahnung hatte beim Einkaufen – keine Süßigkeiten. Mit einem Handwagen beförderte ich alles nach Hause.
Als sich mein Vater zum ersten Mal meine Einkäufe ansah, schimpfte er gleich los: „Wo ist denn mein Joghurt? Man, du weißt genau, wie gern ich den esse!"
„Oh entschuldige, den habe ich vergessen. Ich gehe gleich noch mal!"
„Lass mal, ich muss noch Getränke holen, bringe sie mir selbst mit. Du bist ja wirklich zu allem zu blöd."

Ich war neun Jahre alt, die Einkäufe waren sehr schwer und ich hatte davon nicht die geringste Ahnung. Doch ich lernte schnell. Nach ein paar Wochen klappte es wunderbar.

Nur Kochen konnte ich nicht.
Immer, wenn ich mich zur Oma schlich, ließ ich mir nun leichte Gerichte zeigen. Schnell begriff ich, wie man Rühr- und Spiegeleier, Pfannkuchen, Milchreis, Kartoffelbrei und Bratkartoffeln zubereitete. Scheinbar war ich doch nicht ganz so blöd, wie er dachte. Oder doch? Geschmeckt hat es ihm nie.
Heute weiß ich, er wollte mich demütigen und herabsetzen, wo er nur konnte. Nicht die kleinste Anerkennung bekam ich jemals.

Wie die Besuche zu meiner Oma ließ ich mir auch nicht nehmen, täglich zum Grab meiner Mama zu gehen. Meine Puppe Nikki begleitete mich immer. Mama ist bestimmt ganz enttäuscht, dass meine Nikki keine Augen mehr hatte. Immerhin war sie ein Geburtstagsgeschenk von ihr. Bestimmt verstand sie, dass meine Puppe nicht mein Leid mit ansehen sollte. Ganz bestimmt würde sie deshalb nicht böse auf mich sein.

Auf dem Friedhof hatte ich nie lange Zeit, waren es aber die einzigen Minuten, neben den Besuchen bei Oma, in denen ich etwas abschalten und mir vieles von der Seele reden konnte. Für das, was mir mein Vater antat, hatte ich allerdings keine Worte. Wollte ich auch nicht haben, davon

sollte Mama nichts erfahren.
Oder sah sie es sogar von da oben?

Papa und ich sind zum Dorffest gegangen. Als der Fanfarenzug an uns vorbeiging, konnte ich meine Tränen nicht zurückhalten. Am liebsten hätte ich mich in Luft aufgelöst.
„Hör auf zu heulen!", sprach mich Papa an, allerdings mit einem Lächeln im Gesicht für die anderen Besucher, er flüsterte nur. Ich konnte aber meine Tränen nicht stoppen. Wie gern wäre ich weiterhin dabei gewesen. Selbst Oma konnte nicht verstehen, warum ich nicht mehr spielen wollte. Auf dem Festplatz kamen die anderen Kinder und der Vereinsleiter zu uns:
„Willst du nicht doch wieder bei uns mitmachen?", fragten mich die anderen. Ich sagte nichts dazu. Klar, nur zu gern würde ich sofort wieder in den Verein eintreten und Fanfare spielen.
Der Leiter sprach meinen Vater an:
„Schade, dass Manuela nicht mehr bei uns ist. Eigentlich hatte sie doch großen Spaß dabei."
„Na ja, Sie wissen doch, wie das mit Kindern ist. Mal sind sie Feuer und Flamme für irgendetwas und ehe man sich versieht, haben sie keine Lust mehr und möchten etwas anderes." Ich glaubte fast nicht, was ich da hörte.
Verdammt! Ich hatte wohl Lust, im Fanfarenzug mitzuspielen, nur durfte ich nicht. Am liebsten hätte ich es laut aus mir herausgeschrien, alle Menschen hier sollten es hören. Es war so unfair! Ich wurde über den Kopf gestreichelt: „Na ja, vielleicht überlegst du es dir noch einmal. Du bist jederzeit herzlich willkommen bei uns", und schon waren sie

wieder weg.
„Willst du noch Karussell fahren?”, fragte Papa mich. Nein, wollte ich nicht. Ich hatte zu gar nichts mehr Lust.
„Möchtest du noch eine Zuckerwatte oder eine Grillwurst?” Auch das wollte ich nicht.
„Gut, dann geh schon mal nach Hause, ich komme später nach.” Ich wusste, was das bedeutete. Er würde betrunken nach Hause kommen und wenn ich viel Glück hatte, total besoffen, dann hatte ich meine Ruhe.

Zum Dorffest ging ich nie mehr. Auch wenn der Fanfarenzug an unserem Haus vorbeimarschierte, hielt ich mir weinend die Ohren zu und sah nicht aus dem Fenster. Dieses Verbot tat mir in meiner kleinen Seele so unendlich weh.

Die Übergriffe meines Vaters wurden immer brutaler. Er vergewaltigte mich regelmäßig.

„Heute machen wir es uns besonders schön. Komm, ab in dein Zimmer!"

Ich gehorchte und legte mich ohne Aufforderung auf mein Bett. Mein Vater hatte mich schon perfekt dressiert. Ich sollte mich ausziehen, was ich ohne Widerworte tat und ich legte mich auf den Rücken. Ihn bloß nicht wütend machen. Mein Vater hatte heute einen kleinen gefüllten Beutel bei sich. Er befahl mir:

„Schön die Beine auseinander, dann tut es auch nicht weh!"

Sein Blick war nur noch furchteinflößend und gierig. Ich sah, wie er aus dem Beutel eine Möhre und eine Gurke hervorholte. Sofort kniff ich meine Beine zusammen.

„Auseinander! Sonst muss ich dir wehtun!"

„Warum holst du Gemüse raus?", zitternd war meine Stimme.

„Weil es dir gefallen wird!", mehr kam nicht von ihm.

Er drückte meine Knie auseinander und rammte mir die Gurke hinein. Ich schrie wie eine Irre, tat es doch so unglaublich weh. Hin und her schob er das verdammte Gemüseteil. Tränen und Schmerzen, zu mehr war ich nicht fähig. Endlich war er fertig, ich atmete leicht auf. Irrtum! Er zog sich seine Hose runter, plötzlich hatte er in einer Hand eine Möhre, in der anderen Hand sein ekelhaftes Ding. Während er die Mohrrübe in mich stieß, rieb er seinen Penis, bis das ekelige weiße Zeug herauskam. Ich lag mit zugekniffenen

Augen da und schrie.
„Halt deinen Mund, sonst tue ich dir richtig weh!”, schnauzte er mich auch noch an. Er würde mir noch mehr weh tun? Ging das denn noch?
Mein Körper war nur noch eine Hülle für seinen Missbrauch, meine Seele war fast nicht mehr da.
Wieder war ich völlig aufgerissen und blutete.
Als ich es überstanden zu haben glaubte, lachte er laut, während er sich seine Hose hochzog. Dieses elendige Lachen. Hämisch und gemein war es.
„So, nun kannst du ein paar Vitamine zu dir nehmen. Du bist ja nur noch Haut und Knochen. Nicht, dass ich mir noch einen Splitter reinramme, während wir Spaß miteinander hatten.”
Fest presste ich meine Lippen aufeinander und drehte mich auf die Seite, nur noch weg von ihm. Er demütigte mich mit dem Gemüse unglaublich, leider reichte ihm das immer noch nicht. Mein Vater packte mich an der Schulter und drehte mich zurück auf den Rücken.
„Mund auf!”
Ich schüttelte heftig mit dem Kopf. Ich kann doch das widerwärtige Zeug jetzt nicht in den Mund nehmen. Da klebte ja sogar Blut und alles Ekelige dran. Es stank auch widerwärtig. Es wurde da in mich gestoßen, wo ich Pipi mache, wo auch sein Ding so oft war. Jetzt sollte ich das essen? Niemals. Das ist doch nicht sein Ernst. Wie abartig kann ein Mensch sein?

Dieses Monster drückte mit seinen Fingern so schmerzhaft in meine Wangen, mein Mund öffnete sich automatisch. Er rammte mir die Gurke bis zum Rachenzäpfchen. Sofort schnellte ich hoch, glaubte, an diesem Ding zu ersticken. Er zog es sofort zurück, lächelte fies: „Nun beiß schön artig ab und iss gefälligst!" Ich tat, was er von mir verlangte. Die ganze Gurke musste ich verspeisen, die Möhre nahm er Gott sei Dank wieder mit. Er entwürdigte mich immer mehr.

Weinte ich, wenn er mich misshandelte, wurde er noch brutaler, indem er seine Handlungen intensivierte.

Er war kaum aus dem Raum, rannte ich zur Toilette und erbrach mich heftig. Immer wieder musste ich würgen, bis nur noch grünliche Flüssigkeit aus mir kam. Mir war so schlecht. Ich kann bis heute keine Gurke und keine Möhre essen.

Ich hatte nur noch Ruhe vor ihm, wenn er total betrunken war und nicht mehr geradeaus gehen konnte. An solchen Tagen ging er sofort in sein Bett. Leider wurde es immer mehr zur Seltenheit. Besoffen war er jeden Tag, trotzdem reichte es immer noch aus, mich zu missbrauchen. Ich hasste seinen Gestank so sehr, seine ekelhafte Alkoholfahne ließ mich würgen, sein Körpergeruch ebenso.

Mein Leben wurde immer grausiger.

Mit elf Jahren bekam ich schon meine Menstruation. Ich freute mich, hoffte ich nun, wenigstens an ein paar Tagen

im Monat meine Ruhe zu haben. Leider musste ich mich schrecklich irren. Er nahm auf meine Regelblutung keinerlei Rücksicht, egal ob ich Unterleibsschmerzen hatte oder sehr doll blutete. Es juckte ihn nicht die Bohne. Alles musste ich über mich ergehen lassen. Es ließ nichts mehr aus, um mich zu erniedrigen. Völlig verschmiert mit allem Möglichen, was man sich nur vorstellen kann, musste ich unendlich oft das Haus putzen, er beobachtete mich dabei und ergötzte sich an meinem elendigen Anblick. Waschen durfte ich mich erst, wenn er es gnädiger Weise erlaubte. Ich stank und ekelte mich so sehr vor mir selbst.
„Na geh schon, wasch dir den Dreck ab, hopp, hopp", waren so Worte, manchmal noch kleine Schlampe oder Flittchen. Als würde ich mich selbst mit seinem Dreck einschmieren, dieses Schwein!!!

Mein Vater entwürdigte mich in jeglicher Art und Form.

Leider sah ich nicht die Drohung, er würde mich in ein Kinderheim bringen, wenn ich nicht gehorchte, als eine Lösung für mich an. Ich ertrug und erduldete alles, was mir angetan wurde. Irgendwann würde ich mich wehren, das nahm ich mir ganz fest vor. Am liebsten würde ich ihn umbringen, einfach etwas über seinen Schädel hauen und auf seiner Beerdigung lachen und tanzen.

In der Schule schien ich endlich Glück zu haben. Ich fand eine Freundin, ihr Name war Sarah. Auch sie stand auf dem Schulhof immer allein, so kam es, dass wir uns immer häufiger etwas erzählten. Endlich gab es für mich ein Kind, welches mit mir sprach und mich in ihr Spiel einbezog.
Heimlich ging ich sie besuchen. Ich erlebte eine völlig neue Welt. Bei Sarah war alles so harmonisch, niemand brüllte herum. Wir aßen zusammen an einem Tisch. Jeder erzählte von seinem Tag, wir lachten und alberten. So etwas kannte ich nicht. Mein Leben bestand nur aus Arbeit und Qualen. Sarahs Eltern waren sehr feinfühlig. Sie merkten es mir an, dass mir etwas schwer auf meiner Kinderseele lag. Ich fühlte mich hier sogar geliebt. Ein halbes Jahr zog es sich so hin, Papa hatte noch nichts bemerkt. Ich ertrug die Grausamkeiten meines Vaters, dachte ich an Sarahs Familie und dass ich bald wieder dort sein würde, ging es mir nach dem Missbrauch ein ganz, ganz klein wenig besser. Ich hatte jetzt etwas, worauf ich mich freuen konnte.
Ein halbes Jahr war ich glücklich mit meiner Freundin und in ihrer Familie. Eines Tages sprach mich ihre Mama an:
„Manuela, eigentlich könntest du doch bei uns wohnen. Wir bauen das Zimmer neben dem von Sarah aus und du bekommst schöne Möbel."
Ich glaubte kaum, was ich da hörte. Es wäre das Schönste für mich, hier wohnen zu dürfen. Mein Vater würde es aber nie im Leben erlauben, da war ich mir ganz sicher. Warum wollten sie das überhaupt für mich machen? Dieses

Vorhaben würde doch sehr teuer werden?
„Ich werde es nicht dürfen, aber sehr gern würde ich hier leben."
„Lass mich mal machen", sie tätschelte meine Hand, strich über mein Haar und nickte mir aufmunternd zu. Ich grübelte, ob das überhaupt auch von den Behörden erlaubt werden würde. Man kann doch nicht einfach zu anderen Menschen umziehen, wenn man ein Zuhause und einen Papa hat. Trotzdem hoffte ich tief in meinem Innersten, dass es irgendwie klappen könnte.
Sarahs Mama klingelte bei uns, Vater öffnete. Was sie sagte, bekam ich nicht mit, dafür sprach sie zu leise. Mein Vater war nicht zu überhören, er donnerte sofort los:
„Ihr wollt mir meine Tochter wegnehmen? Das kommt überhaupt nicht infrage. Sie ist das Einzige, was ich noch habe." Ich jedoch wollte unbedingt weg von ihm, nur nicht in ein Heim. Zu meiner Freundin zu ziehen, war in meinen Gedanken die beste Möglichkeit, meinem Vater zu entkommen. Klar erlaubte er es natürlich nicht, darüber war ich mir schon vorher fast im Klaren. Ich wollte doch aber dieser Hölle entfliehen.
Am selben Abend vergewaltigte er mich sehr brutal, danach sagte er nur: „Nie wieder solche Flausen von wegen wegziehen. Außerdem hatte ich dir verboten, woanders hinzugehen. Ja gut, deine Strafe hast du schon bekommen. Beim nächsten Mal bringe ich dich um!" Wieder mal lag ich weinend und verzweifelt im Bett. Zwei Tage später ging ich

mit dem Mut meiner Verzweiflung zum Jugendamt. Mein Herz raste wie verrückt auf den langen Fluren, bis ich endlich, nach vielen Nachfragen, das richtige Büro gefunden hatte.

„Ich möchte ausziehen zu Hause und bei meiner Freundin wohnen", kam ich gleich ohne Umschweife zur Sache.

„Magst du mir sagen, warum?"

Sofort rutschte mir das Herz eine Etage tiefer. Natürlich konnte ich nicht sagen, warum. Niemals würde das jemand von mir erfahren. Viel zu sehr schämte ich mich dafür, so zuckte ich nur weinend mit den Schultern. Die Dame sprach zu mir:

„Sieh mal, der Papa hat doch nur noch dich. Er braucht seine Tochter. Bestimmt ist alles nicht so schlimm, Streit gibt es in jeder Familie mal, da muss man nicht gleich ausziehen. Deine Freundin kannst doch trotzdem jederzeit besuchen", freundlich lächelte sie mich an. Mir schossen sofort Tränen in meine Augen: „O. k.", schluchzte ich und ging.

Ein schöner Traum war zerstört.

Warum haben sie nie nach dem Rechten geschaut bei uns? Ist es nicht ungewöhnlich, wenn ein Kind von allein zum Jugendamt geht und um einen Auszug von zu Hause bittet? Vielleicht haben sie mich nur als trotziges Gör angesehen, die etwas Streit mit ihrem Vater hatte. Worte hatte ich für mein Elend nicht, woher sollten sie es wissen? Verlangen, mich auszuziehen vielleicht? Wenigstens den Oberkörper

frei machen? Sie hätten damit schon sehr viel sehen können.
Verdammt noch mal, sie hätten mir helfen können, ohne dass ich mein schlimmstes Geheimnis hätte offenbaren müssen.

Meine Freundin besuchte ich nie wieder, ich durfte nicht. Er ertrug einfach nicht, wenn es mir einmal gut ging. An dem Tag, als er erfuhr, dass ich so oft bei Sarah war, schlug er mich mit seinem Gürtel auf den Rücken, bis meine zarte Haut aufplatzte und ich blutete. Ich brüllte wie eine Irre. Es tat so schrecklich weh. Ich stand in Flammen. Erst dann ließ er von mir ab. Mein Rücken brannte wie Feuer.

Schließlich sollte ich mit keinem anderen Kind außerhalb der Schule Kontakt haben. Wieder einmal brach meine kleine Kinderwelt zusammen. Für meinen Vater war ich nur eine Putzfrau und ein Spielball seiner grausamen Lust. Meine Verzweiflung stieg und stieg. Bald sprach Sarah mit mir kein Wort mehr, sie hatte längst andere Freundinnen.

Ich lag wach im Bett, wälzte mich hin und her. Ich wollte dieses Martyrium nicht mehr erleiden müssen. Einen Ausweg sah ich noch – ich musste einfach nur mein Leben beenden. Unbedingt. Ich konnte und wollte nicht mehr da sein, keine Schmerzen und keine Erniedrigung mehr ertragen müssen. Mein Leben glich einer ewig brennenden Hölle, in die ich hineingestoßen wurde und bei lebendigem Leib verbrannte, immer und immer wieder aufs Neue. Ich betete zu Gott, dass er mich doch endlich erlösen würde. Nichts geschah, also musste ich mich allein darum kümmern, von dieser schrecklichen Welt für immer gehen zu können. Mama wartete vielleicht auf mich.

Ich begann, aus unserem Medizinschrank Tabletten zu stehlen, bei Oma nahm ich mit, was ich bekommen konnte. Als ich dachte, ich hätte genug, nahm ich alle in meine Hand und setzte mich auf mein Bett. Ein Glas Wasser stand auf meinem Nachtschrank bereit. Ich schaute auf den Haufen weißer Tabletten in meiner linken Hand, ließ sie auf meine Bettdecke fallen. Mit dem rechten Zeigefinger schob ich die kleinen Dingerchen in eine Reihe. Eins, zwei, drei, vier, fünf – insgesamt hatte ich dreiunddreißig Tabletten vor mir liegen. Reichte diese Menge? Mehr konnte ich nicht auftreiben. Draußen regnete es in Strömen, das Wetter passte genau zu meiner Stimmung. Ich wollte einschlafen und nie wieder aufwachen. Ich kann jetzt und hier allem ein Ende setzen, dem Schmerz, der Angst und dem Ekel.

Ohne jetzt noch großartig nachdenken zu wollen, nahm ich

alle Tabletten wieder in eine Hand, ließ sie in das Wasserglas fallen. Die klare Flüssigkeit verwandelte sich in ein milchiges Etwas. Gerade als ich das Tabletten-Wasser-Gemisch an meine Lippen setzte und dabei an Mama dachte, donnerte mein Vater hinein. Erschrocken schaute ich zu ihm auf, er raste zu mir und schlug mir das Glas aus der Hand.

Warum kam er denn ausgerechnet jetzt in mein Zimmer? Er riss mich an meinen Haaren aus dem Bett und schleuderte mich zu Boden. Ich schrie: „Lass mich doch einfach gehen!" Ich verstummte sofort, als ich mit dem Kopf an eine Schrankecke knallte. Kleine Sternchen blitzten vor meinen Augen auf, Blut lief über meine Schläfe herab. Wütend zog er mich hoch und schlug mir seine Faust in den Bauch. Mir blieb vor Schmerzen die Luft weg, ich sank zu Boden und erbrach mich. Sofort schrie er mich an:

„Steh auf und mach die Sauerei weg! Sonst erlebst du den nächsten Tag nicht mehr!" Damit schlug er die Tür hinter sich zu, ich war wieder allein. Langsam konnte ich wieder normal atmen. Ich war sogar zu blöd, mich umzubringen. Nichts konnte ich.

Warum hatte ich mich nicht versteckt?

Ich bin so dämlich, verdammt noch mal.

Klar, ich wollte unbedingt sterben. Meine Todessehnsucht war stark geworden.

Allerdings wollte ich nicht durch seine Hand von dieser Welt gehen müssen. Ich allein wollte entscheiden, wann und wie ich den Weg aus diesem schrecklichen Leben für mich finden würde. Ich wollte nicht grausam von dieser Welt gehen müssen.

Ich, das Mädchen Manuela, war schon lange gestorben, leider nicht ihr Geist und ihr Körper. Die waren immer noch da und mein Vater bediente sich daran, wie, wo und wann immer er wollte.
Seine Übergriffe nahmen immer mehr zu, er wurde zusehends brutaler, ich immer stiller. Je älter ich wurde, desto schlimmer wurde das Leben für mich.

Ich war dreizehn Jahre alt, ging in die 7. Klasse. Wir bekamen eine neue Lehrerin, die sich scheinbar Sorgen um mich machte. Etwa zwei Monate nach Beginn des neuen Schuljahres sprach sie mich an:
„Manuela, magst du mit mir über irgendetwas reden? Hast du Kummer? Ist bei dir zu Hause alles in Ordnung?" Ihr Lächeln war sehr nett. Sehr gern hätte ich mich ihr anvertraut, ich konnte es nicht. Niemals durfte jemand erfahren, was Papa mir alles antat. Kein Sterbenswörtchen kam über meine Lippen. An diesem Tag war das Wetter so heiß, aber ich trug nur noch lange Kleidung. Eine dünne Hose und ein langärmeliges Shirt. Auf meinem Körper waren überall blaue, grüne, dunkelrote und gelbe Flecken. Neue und alte Hämatome „zierten" meine Arme, Beine, Rücken und Brustkorb. Mein Intimbereich sah nicht viel besser aus. Durch die ständigen Risse hatte ich schon einige Narben zwischen meinen Beinen.
„Geht es dir gut zu Hause mit deinem Papa?"
Ich nickte stumm.
„Ich weiß, dass du keine Mama mehr hast, es tut mir sehr leid. Du musst zu Hause viel helfen, richtig?"
„Ja", entgegnete ich leise: „Aber das ist nicht schlimm. Ich mache das gern."
„Das ist schön, Manuela. Aber ich werde dir einen Brief mitgeben für deinen Papa. Ich möchte ihn übermorgen hier in der Schule sprechen."
„Nein, bitte nicht. Es ist doch alles in Ordnung."

„Wenn dem so ist, dann ist doch alles gut. Ich möchte ihn nur im Allgemeinen sprechen. Du musst keine Angst haben, versprochen."

Mir wurde ein Brief ausgehändigt, ich durfte gehen.

Am liebsten würde ich dieses verdammte Schreiben zerreißen. Aber was dann? Es würde einen neuen Brief geben oder meine Lehrerin käme dann vielleicht zu uns nach Hause. Egal, wie ich es drehte und wendete, es gab keine Chance, den Brief zu unterschlagen.

Mein Vater las ihn und tobte gleich los:

„Was soll ich in der Schule? Hast du etwas angestellt?"

„Nein Papa, gar nichts habe ich gemacht."

„Hast du deinen blöden Mund aufgemacht und gepetzt?" Mit wutverzerrter Miene starrte er auf mich herab. Mein Herz raste.

„Nein, ich habe nichts gesagt." Leise und zitternd hörte ich mein ängstliches Stimmchen.

„Na gut, es gnade dir Gott, wenn du unser Geheimnis verraten hast."

Vor Angst fast wahnsinnig war ich an dem Tag, als das Gespräch zwischen meiner Lehrerin und meinem Vater stattfinden sollte.

Was würde sie ihn fragen?

Vielleicht würde sie mich ja loben und Papa hatte dann gute Laune. Die Hoffnung stirbt bekanntlich zuletzt.

Gerade war ich dabei, die Küche zu putzen, da hörte ich seinen Schlüssel in der Haustür. Mein Herz sprang vor

Panik fast aus meinem Brustkorb, meine Halsschlagader schlug hart im Takt meines Pulses. Schon stürmte er auf mich zu:
„Du kleine, miese Schlampe, hast du schön geredet, ja?"
„Nein Papa, ich habe gar nichts gesagt. Ganz bestimmt nicht."
„Jetzt bekommst du mal eine richtige Strafe", tobte er.
Er griff in meine Haare und zog mich die Treppe hinunter in Richtung unseres Kellers.
„Aua … nein Papa bitte … hör auf, ich … habe nichts gesagt."
„Halt deine dumme Fresse! Dir werde ich es zeigen! Ich will dich nicht mehr sehen!"
Er zog so fest an meinen Haaren, dass er einzelne Haarbüschel herauszog. Es tat so schrecklich weh.
Unter unserem Haus befanden sich drei Kellerräume. Zwei hatten kleine Fenster, der letzte Raum nicht. Dort war es stockdunkel. Nur eine kleine Glühbirne erhellte das für mich schon immer gruselige Zimmer. Genau dort sperrte dieses Scheusal mich ein. Die Sicherung der ohnehin schon kargen Beleuchtung schaltete er aus. Schwärze, dunkles angstvolles Schwarz umgab mich. War es draußen in der Natur auch noch so warm, hier herrschte Kälte und es stank nach Schimmel oder etwas in der Art. Krachend ließ er die Tür hinter sich ins Schloss fallen und schloss von außen den Raum ab. Sofort trommelte ich verzweifelt daran: „Hol mich raus, bitte, bitte … bitte, es ist so kalt und dunkel …

bitte, ich habe wirklich nichts gesagt." Ich bettelte und bettelte. Nichts geschah. Er ließ mich jetzt für immer hier unten, bis ich verhungert und verdurstet bin. Nein, das würde er nicht machen, so weit geht er nicht. Meine Gedanken schwankten hin und her zwischen absoluter Hoffnungslosigkeit und dem Gedanken, diesen schrecklichen Raum wieder verlassen zu dürfen.

Nichts konnte ich sehen, es war so dunkel. Es gab auch keine Decke, die mich wärmen konnte. Natürlich war auch keine Toilette vorhanden. Bis jetzt stand ich mitten im Raum, gefühlt waren es Stunden. Meine Beine begannen zu schmerzen, ich lehnte mich an die Wand, sofort war mein dünner Pullover nass. Die Wände waren alle nicht trocken. Jetzt fror ich noch mehr. An der Wand rutschte ich herab auf meinen Po. Plötzlich spürte ich ein Krabbeln auf meinem Körper. Vor Angst sprang ich hoch, überall liefen die kleinen Käfer und Spinnen auf mir. Ich schrie und versuchte, mit meinen Händen die Tiere wegzuwischen. Es gelang mir nicht. Sie wurden immer mehr. Hin und her sprang ich in meiner Panik. Ich weinte und schrie, bis ich nicht mehr konnte. Ich sackte zusammen. Zeitgefühl hatte ich keines mehr. Wie lange war ich schon hier unten? Meine Blase meldete sich. Dringender und dringender musste ich zur Toilette.

„Papa, bitte hol mich hier raus, ich muss dringend zur Toilette." Wieder geschah nichts.

Ich begann laut zu singen und zu zählen. Ich wollte mit

einer lauten Stimme die Tiere verscheuchen und mich von dem immer stärker werdenden Harndrang ablenken. Leider gelang es mir nicht. Mir blieb nichts anderes übrig, als mich in einer Ecke des Raumes zu erleichtern. Mein Vater demütigte und erniedrigte mich immer auf das Schändlichste, jetzt hatte er wieder etwas Neues gefunden. Es war die Hölle für mich, hier unten im Dunklen schlimmer als ein Tier eingesperrt zu sein. Ich wurde fast wahnsinnig. Völlig entkräftet und zitternd vor Kälte schlug ich die Arme um mich, um etwas Wärme zu ergattern. Dieses Unterfangen war völlig sinnlos, die Kälte war ganz tief in mir, ich zitterte wegen der winterlichen Temperatur hier unten und vor Angst.
Inständig hoffte ich, er holt mich gleich raus und es war eine einmalige Strafe in diesem Keller. Schrecklich sollte ich mich irren. Hunger und Durst verspürte ich nicht. Aber ich sollte noch lernen, wie sehr es körperlich weh tat, Nahrung und Wasser entzogen zu bekommen.

Dieser Tag war erst der Beginn meiner „Kellerstrafen."
Nach etwa einem Tag ging die Tür auf. Das Licht blendete mich so sehr, meine Augen schmerzten, ich musste sie fest zukneifen. Er kam zu mir und schrie gleich los:
„Was hast du denn hier für eine Sauerei veranstaltet? Warum pinkelst du denn alles voll? Wie ekelig bist du eigentlich?" Zur Strafe durfte ich mich nicht sofort waschen, er erlaubte es mir erst Stunden später.

Ich war so ein ekelhaftes Mädchen. Ich hasste mich abgrundtief. Ein Nichts war ich, ekelhaft, hässlich, stinkig und nicht einen Pfifferling wert. Mir war klar, dass ich alles verdient hatte, was er mir antat. Wäre ich ein liebes Mädchen, würde ich doch so viel Grausamkeit nicht aushalten müssen. Ich musste bestraft werden. Solche Gedanken schossen durch meinen Kopf. Ich musste gehorchen, noch mehr seinen Befehlen folgen, vielleicht würden die Strafen dann nicht mehr so hart.

Die einzigen Tiere, die wir noch besaßen, waren zwei Kaninchen und zwei Katzen. Ich besaß ein kleines, schwarzes Kätzchen. „Fellchen" nannte ich sie immer.
An diesem Tag, als ich nach dem Keller endlich geduscht war, stand er mit Fellchen vor mir im Flur. Liebevoll hielt er es auf seinem Arm. Bevor ich sie streicheln konnte, holte er aus und donnerte das kleine, süße Kätzchen an die Wand. Mein Fellchen fiel zu Boden.
„Neeeeeiiiiiin …", schrie ich und rannte zu dem kleinen, süßen Lebewesen. Sie hatte doch niemandem etwas getan. Wie kann ein Mensch nur so herzlos und brutal sein? Ein hilfloses, kleines Tierchen zu töten – warum?
„Sagst du noch einmal schlechte Sachen über mich, passiert dasselbe oder Schlimmeres mit dir", damit verschwand er in seine Kneipe.
Ich rannte zu meinem Kätzchen: „Hey, mein liebes Fellchen … komm schon … du schaffst es", ich wusste natürlich ganz genau, dass mein Kätzchen tot war. Ich packte mein Tierchen in einen Karton und vergrub es im Garten. Unaufhörlich liefen Tränen über mein Gesicht. Von dort aus lief ich zu meiner Mama. Ich erzählte ihr schluchzend vom Keller und von Fellchen. Bitterlichste Tränen liefen über mein Gesicht. Eigentlich hatte ich mir vorgenommen, meine Oma wieder heimlich zu besuchen. Mir ging es aber so schlecht, dass ich nicht zu ihr gehen konnte. Es war mir unmöglich an diesem Tag.

Am nächsten Tag kochte ich eine Hühnersuppe. Mir gelangen immer besser alle möglichen Gerichte. Selbst die typische Hausmannskost konnte ich schon ganz gut. Mein Vater sah es natürlich völlig anders. Für ihn war ich ein Nichts und für nichts zu gebrauchen. Er hatte ja recht, genauso sah ich mich auch, aber ich wollte mir immer mehr Mühe geben.

Wieder einmal vergewaltigte er mich so brutal. Überall musste ich es ertragen. Ich weinte und schrie. Mein Po fühlte sich an, als würde er ihn zerreißen. Endlich ließ er von mir ab. Nachdem er seine Hose hochgezogen hatte, kniff er schmerzhaft in meine Wangen: „Ab jetzt ist Schluss mit der Flennerei, du kleines Flittchen. Du machst anständig mit, wenn ich mit dir Spaß habe, sonst kannst du gleich im Keller wohnen!" Schluchzend drehte ich mich auf die Seite. Ich konnte sein Gesicht nicht mehr ertragen.
„Hast du das verstanden?", schrie er mir entgegen. Ich antwortete nicht, konnte nicht mehr.
Meine Angst vor dem Keller war so unbeschreiblich groß. Panik vor dem Missbrauch war immer in mir, warum war die Angst vor dem Keller noch größer? Ich kann es nicht beantworten.

Mein Vater hatte jetzt eine neue Qual für mich entdeckt. Während er mich missbrauchte, hielt er mir Mund und Nase zu.
Er stieß erbarmungslos in mich, vor Schmerzen schrie ich, es war nicht auszuhalten. Wie aus dem Nichts spürte ich seine Hand auf meinem Mund und auf meiner Nase. Er drückte so fest zu, dass ich fast keine Luft mehr bekam. Todesangst kroch in mir hoch. Ich wand und wehrte mich, gegen ihn war ich chancenlos. Er war ein großer und starker Mann, ich war immer noch sehr klein und zierlich.
Dass ich so zappelte, gefiel ihm: „Endlich machst du mal richtig mit. Das gefällt dir … jaaaa … so ist es gut", kamen stöhnend seine Worte bei mir an. Wie krank muss man sein? Ich strampelte heftig und versuchte, mich zu wehren, weil ich keine Luft bekam. Luftnot ist grausam. Auf keinen Fall tat ich das, weil es mir so gut gefiel, was er mir antat. Kurz bevor ich mein Bewusstsein verlor, ließ er los und lachte. Wieder dieses schreckliche Lachen! Noch heute habe ich Angst, wenn ein Mann laut lacht. Ich kann es nicht ertragen.

Meine Regelblutung blieb aus, ich dachte mir nichts dabei. Mir war alles egal geworden. Das kann ja mal passieren bei dem Stress, den ich hatte. Ich kam auf keine andere Idee, obwohl es nun schon ein paar Monate andauerte, dass sie nicht einsetzte. Meine Gedanken kreisten nur noch um die nächste Vergewaltigung, an mehr konnte ich nicht denken. Ich putzte, kochte, besuchte meine Oma und meine Mama und war besessen von schierer Angst.
Während dieser Zeit war mein Vater an einem Abend ganz lieb zu mir. Er schrie und fasste mich nicht an, lobte sogar mein Essen, es gab Bratkartoffeln mit Spiegelei und Gewürzgurken. Richtig fürsorglich war er. Damit konnte ich schlecht umgehen, jeden Moment würde er zuschlagen, ich war mir ganz sicher. Tat er aber nicht.
„Komm mal mit ins Bad", sprach er mich freundlich an.
Sofort kroch noch mehr Angst in mir hoch. Was hatte er jetzt für eine neue Qual für mich entdeckt? Ich konnte mich nicht rühren. Völlig versteinert blieb ich auf dem Sofa sitzen. Jeden Moment würde seine Hand in mein Gesicht klatschen. Nichts passierte. Er hielt mir seine Hand hin, sprach leise und freundlich: „Na komm schon!" Endlich kam Bewegung in mich. Ich stand auf und tapste ihm hinterher. Im Bad reichte er mir ein Glas mit einer orangenen Flüssigkeit.
„Hier mein Engel, trink das, es wird dir guttun."
Wollte er mich jetzt vergiften? Oh ja, bitte. Einfach austrinken, einschlafen und nicht wieder aufwachen. Dankbar nahm ich das Getränk und schluckte es hinunter. Es

schmeckte sogar.
„Braves Mädchen", bei diesen Worten verließ er das Bad und schloss die Tür ab. Es war mir egal. Ich wollte nur meine Ruhe haben. Ich setzte mich vor die Badewanne, zog meine Knie bis zum Brustkorb und legte meinen Kopf auf meine Arme. So saß ich lange da. Keine Träne, keine Gedanken, nichts. Ich war eine leere Hülle.
Mein Bauch begann zu rumoren. Ich setzte mich auf die Toilette, nichts passierte. Schlimmer und schlimmer wurden die Schmerzen. Krampfartige Wellen schossen durch meinen Unterleib, ich hielt es nicht aus und schrie wie am Spieß. Himmel, es tat so weh.
Was passierte hier mit mir?
War ich so krank wie meine Mama?
Sollte ich jetzt so unter heftigen Schmerzen sterben?
Stundenlang krümmte ich mich in diesem verdammten Badezimmer auf dem Boden. ‘Bitte, liebe Ohnmacht, hol mich, ich halte die Schmerzen nicht mehr aus’, waren nur noch meine Gedanken. Ich wollte nichts mehr spüren. Gnädiges Nichts sollte mich umhüllen. Mein Körper tat mir diesen Gefallen nicht. Zwischen meinen Beinen fühlte ich eine Flüssigkeit laufen. Habe ich jetzt in die Hose gemacht? Ich riss mir den Schlüpfer herunter, strampelte ihn weg. Diese Schmerzen!
Kurz nach dieser Flüssigkeit presste sich ein Klumpen aus mir heraus. Ich schrie wie ein Tier. Wollte ich bis jetzt immer sterben, um allem hier zu entkommen, jetzt hatte ich

Todesangst.
Was war hier los?
Ich schrie um mein Leben.
So heftig die Schmerzen plötzlich und über Stunden kamen, so unvermittelt waren sie wieder vorbei. Die Qual war noch da, aber nicht mehr ganz so schlimm. Ich lag da und traute mich nicht, nach unten zu sehen. Meine Angst war zu groß, was da aus mir gekommen ist. Etwa eine halbe Stunde später – glaube ich zumindest – gingen die Schmerzen wieder los. Sie dauerten jedoch nicht so lange, wieder presste ich etwas aus mir heraus. Schoben sich jetzt nach und nach alle meine Innereien aus mir? Ewig lag ich so da, bis ich mich traute, meinen Kopf zu heben und zu schauen, was ich herausgebracht hatte. Vor mir lagen zwei Blutklumpen. Im ersten Moment nahm ich weiter nichts wahr. Ich sank wieder zurück. Ich schrie völlig verzweifelt:
„Papa, bitte mach die Tür auf, du musst mich in ein Krankenhaus bringen. Ich sterbe."
Er kam nicht, ich richtete mich kraftlos auf und sah genauer hin.
Um Gottes willen! Heftig schlug ich mir dir Hand vor den Mund und kniff meine Augen zusammen. Ich konnte nicht fassen, was ich da sah. Der eine Blutklumpen war ein völlig unterentwickeltes Baby, der andere die Nachgeburt. Heute weiß ich das, damals war ich völlig ahnungslos, als ich so hilflos im Bad lag und vor Schmerzen nicht wusste, wohin mit mir.

Endlich öffnete sich die Tür, mein Vater kam mit einigen Handtüchern herein. Er wickelte ein, was da zwischen meinen Beinen lag und verschwand. Überall dieses viele Blut von mir. Ich musste sauber machen, sonst erwartet mich wieder eine Strafe. Ich schaffte es nicht. Mein Vater kam zurück, half mir aufzustehen und brachte mich in mein Bett. Dort blieb ich drei Tage, ohne irgendetwas machen zu müssen.
Ich hätte dringendst in ein Krankenhaus gehört.

Ich war schwanger etwa im vierten oder fünften Monat und hatte gerade ein Baby zur Welt gebracht. Deshalb blieb meine Regelblutung aus. Mein Vater wusste es ganz genau, so gab er mir das Getränk, um das Baby abzutreiben. Kontakt zu Ärzten hatte er genug, es musste also auch einen Mediziner geben, der sich zu etwas so Abscheulichem hinreißen ließ.
Warum hatte mein Vater so große Macht?
Ich war zu blöd, zu spüren, dass in mir ein kleines Menschlein wuchs.

Jede Nacht in meinen Träumen sah ich von nun an ein kleines, völlig unterentwickeltes, mit viel Blut verschmiertes Baby ohne Augen, Händchen und Füßchen. Es schrie mit ganz eigenartiger Stimme: „Mama!"
Zitternd erwachte ich. Ich badete in meinem Schweiß, schrecklicher ging es für mich kaum noch zu dieser Zeit.

Ich war dreizehn Jahre alt und erlitt einen Schwangerschaftsabbruch bei vollem Bewusstsein. Der Initiator für diese Grausamkeit war mein Vater und seine Beziehungen zu Ärzten. Welcher Mensch mit einem Doktortitel gab sich denn für so etwas her? Sie sind doch da, um Menschen zu helfen und nicht zu quälen! Unglaublich!

Ich hatte an einem Freitag Gulasch gekocht. Ich weiß noch ganz genau, dass es dieser Wochentag war. Nie werde ich ihn vergessen.

Den Rotkohl hatte ich abgeschmeckt, das Gulasch ist mir gut gelungen, davon war ich fest überzeugt.

Als der Tisch gedeckt war, rief ich meinen Vater. Heute schien er gut gelaunt zu sein: „Hmmm, hier riecht es aber gut, was gibt es denn? Zum Glück bin ich nicht in die Kneipe gegangen, wenn du dir hier solche Mühe gibst."

Was war denn heute mit ihm los? So freundlich kannte ich ihn gar nicht. Bei uns war es zu Hause nie so, dass erst mit dem Essen angefangen wird, wenn jeder am Tisch sitzt. Mein Vater hatte schon begonnen zu essen, als ich mich gerade mit meinem vollen Teller an den Tisch setzen wollte. Sofort brüllte er mich an:

„Was ist das denn für ein Fraß? Es schmeckt nach überhaupt nichts. Schade, dass wir keine Schweine mehr haben. Für die wäre es gut genug."

Ich war schon froh, dass er den Teller nicht an die Wand knallte. Mir war natürlich der Appetit vergangen, ich wollte auch nicht mehr essen.

„Iss deinen Fraß", pflaumte er mich an, während er sich eine Zigarette anzündete.

„Ich mag nicht essen", erwiderte ich traurig.

„Dann eben nicht", grinste er mich jetzt fies an.

Mein Vater wurde ganz ruhig. Sofort kroch unbeschreibliche Angst in mir hoch. Langsam stand er vom Stuhl auf und kam auf mich zu, er packte meinen Unterarm und hielt ihn ganz fest. ‘Wer weiß, wo er mich hinzerren will’, waren noch meine Gedanken, als er seine Zigarette aus dem Mund nahm. Mit Entsetzen sah ich die Glut immer näher an meinen Arm kommen. Ich schrie, wollte meinen Arm wegziehen. Keine Chance, er hielt ihn so fest, als würde er in einem Schraubstock stecken.

Mein Vater drückte seine Zigarette auf meinem Unterarm aus. Noch heute spüre ich, wie sich die Glut seines Glimmstängels in meine Haut fraß. Ganz am Anfang nahm ich es noch nicht wahr, bis diese unsäglichen und unbarmherzigen Schmerzen in mein Bewusstsein drangen. Ich schrie wie ein schwer verletztes Kätzchen, meine Stimme gehörte mir nicht mehr. Ich brüllte und brüllte, wollte meinen Arm losreißen. Kaltes Wasser, bitte kaltes Wasser – mehr brauchte ich jetzt nicht. Mein Vater labte sich in meiner Qual, bis er mich endlich losließ mit den Worten:

„Jetzt weißt du, was dir passiert, wenn du nicht anständig kochst oder putzt!“ Damit entließ er mich. Ich zitterte am ganzen Körper, als ich ins Bad ging.

Ich nahm einen Waschlappen, durchtränkte ihn mit eiskaltem Wasser, wrang ihn nicht aus. Für einen kurzen Moment tat die Kälte auf der Wunde gut.

Kaum ließ ich den Lappen sinken, brannte es sofort wie Feuer.

Mein Vater hatte wieder eine neue Qual für mich gefunden: Er drückte seine Zigarette noch sehr oft auf mir aus, an den

Armen, auf dem Rücken und auf dem Brustkorb. Einen Grund dafür fand er immer.
Er „beförderte" mich zu seinem persönlichen Aschenbecher.
Wie gern hätte ich dasselbe bei ihm getan.

Ich war mittlerweile so auf seine Kommandos und Befehle getrimmt, dass ich nur noch wortlos gehorchte. Kellerstrafen, unbarmherzige Prügel und verbrannte Glut auf meiner Haut ließen keine Gegenwehr zu. Rief er mich, lief ich schnurstracks zu ihm. An seinem Blick erkannte ich sofort, was er von mir wollte. Wortlos zog ich mich aus, legte mich auf den Rücken und ließ es geschehen. Er brachte mich in die Position, in die er mich haben wollte und hatte seinen Spaß.

Monate später rief mich mein Vater in unseren „Blauen Salon”, ich war jetzt vierzehn Jahre alt.
Als Mama noch lebte, stand ich immer ganz ehrfürchtig in diesem Raum, er war so schön. Jetzt sah ich nur ein Zimmer ohne Seele, kalt und ohne Geborgenheit. Meine kleine Seele war total erschüttert. Es sollte noch schlimmer kommen.
„Wir bekommen heute Abend Besuch. Drei meiner Freunde werden kommen, und du wirst uns anständig bedienen, mit Bier und Schnittchen!”
„Ja, Papa”, sagte ich nur, wollte den Raum verlassen.
„Du tust, was ich dir sage, verstanden?”
„Ja klar, servieren werde ich schon können.”
„Zieh dir etwas Vernünftiges an!”
Mein Vater brach wieder in sein hämisches, lautes Lachen aus und wenn er das tat, erging es mir schlecht. Eigentlich freute ich mich, dann hätte ich doch heute Abend meine Ruhe. Falsch gedacht – nur wie schlimm es sein würde, hätte ich mir in meinen schlimmsten Träumen nicht ausmalen können.

Drei fremde Männer saßen mit meinem Vater in diesem für mich einst so prachtvollen und eleganten Raum. Ich trug eine Jeans und einen Pullover. Schnittchen hatte ich vorbereitet, hübsch garniert. Ich stellte den Männern Bier und Essen hin. Einer von ihnen begann, mich am Po zu begrapschen. Ein anderer streckte seine Hand aus und kniff in meine kleine Brust. Ich wollte diese Hände wegschlagen, sie hatten kein Recht dazu. Schon donnerte mein Vater los: „Wage es nicht noch einmal! Die Herren sind unsere Gäste und ich habe dir gesagt, du machst, was ich dir auftrage und was von dir verlangt wird. Gast ist König, so ist das nun mal!"

„Aber …", wollte ich protestieren.

„Kein Aber!", die Männer lachten fies.

„Wie … meinst … du das?" Ich kämpfte wieder mit den Tränen, aber Weinen war doch verboten. Ich durfte keine Tränen vergießen. Völlig hilflos war ich, kaum hörbar meine Stimme, so eingeschüchtert war ich.

„So, wie ich es sage! Wir verlangen und du führst aus! Egal, was es ist! Ohne Diskussion und Widerrede!" Er kam zu mir, griff mir schmerzhaft in mein Genick, vor Schmerzen stöhnte ich auf: „Hast du das begriffen?"

„Ja, Papa", konnte ich nur stammeln.

Jetzt befahl er mir: „Schalte die Musik ein und stell dich vor uns hin, sodass wir dich gut sehen können!"

In mir brach alles zusammen. Niemanden konnte ich ansehen. Warum verlangte er so etwas von mir? Zeit zum Überlegen hatte ich nicht, sonst würde wieder eine Kellerstrafe auf mich warten.

Verdammt, warum war meine Angst so groß?

Warum bin ich nicht einfach abgehauen?

Nichts konnte schlimmer sein als mein Zuhause.

Doch, es gab etwas für mich, was alles übertraf – das Heim

und der Keller.
Ich stellte die Musik an, mein Gehirn aus. Gehorchen war die Devise. So sehr besessen ich von meiner Angst auch war, bestraft wollte ich nicht werden.
Die Männer klatschten zur Musik, tranken ihr Bier und ich stand vor ihnen wie eine Statue.
Einer rief: „Tanzen”, ich bewegte mich nicht. Auf einmal riefen alle, auch mein Vater, im Chor:
„Tanzen! Tanzen! Tanzen! Komm beweg deinen kleinen, süßen Arsch!”
Ich tat, was von mir verlangt wurde. Ich wusste genau, wie sehr ich verprügelt werden würde, wenn ich nicht gehorchte. Vielleicht würden sie dann alle auf mich einschlagen. Oder er würde mich im Keller verhungern und verdursten lassen. Dann lieber tanzen. Ich wusste überhaupt nicht, wie ich das anstellen sollte, irgendwie versuchte ich es. Nicht lange bewegte ich mich etwas zur Musik, da lachten sie laut und riefen:
„Ausziehen! Ausziehen! Ausziehen!”
Voller Angst sah ich meinen Vater an, er nickte mir streng zu. Schließlich brüllte er mit und wollte genau das. Von ihm war keinerlei Hilfe zu erwarten. Er war der Gastgeber dieser „Show.” Die Hauptrolle spielte seine eigene Tochter. Meine Gedanken schrien mich an: „Hau ab! Lauf weg!” Mein Körper und meine Hände handelten anders. Ich gehorchte, bewegte mich ungeschickt zur Musik und zog mir dabei meine Klamotten aus. Als ich nur noch in

Unterwäsche dastand, riefen sie:
„Weiter! Weiter! Weiter!"
Gedanken schossen durch meinen Kopf, als ich völlig nackt vor der gierigen Meute stand:
Will mich mein Vater jetzt zu einer Stripperin machen? Ich war mit meinen vierzehn Jahren noch ein Kind, verdammt! Ich stand da, hätte mich am liebsten bedeckt, was mir nicht möglich war. Nun fiel ein Satz, der mein weiteres Leben bestimmen sollte und mich in noch größere, bodenlose Panik stürzte.

„Wer will sie zuerst?"
Die Stimme gehörte meinem eigenen Vater.
Was? Nein, bitte … das kann ich nicht.
„Papa … bitte nicht", weinte ich kläglich. Ich war so unendlich hilflos.
„Halt deinen Mund und mach, was von dir verlangt wird, sonst …!"
Natürlich schloss ich sofort meinen Mund, kein Laut kam mehr über meine Lippen.
Da sich die Kerle nicht einigen konnten, wurde gelost. Die Zahlen eins bis vier bestimmten die Reihenfolge, in der ich von allen missbraucht wurde. Die Nummer vier war mein Vater. Jeder dieser „Herren" gab sich große Mühe, mir weh zu tun.
Ich wurde auf dem schönen, blauen Sofa, auf dem Teppichboden und auf dem Tisch missbraucht und gequält, Jeder

durfte mit mir tun, was er gerade wollte. Unser blauer Salon wurde zum Zimmer meiner Qualen und Leiden.
Ich durfte nicht schreien und nicht weinen. Mein Vater hatte es vorher strikt verboten. Ich hatte ordentlich mitzumachen und sogar lächeln sollte ich. Es gelang mir nicht. Ich weinte und schrie. Kurz bevor ich das Bewusstsein verlor, ließ der, der gerade dran war, von mir ab, bis ich wieder voll da war. Tat es doch so unendlich weh. Vier Männer vergewaltigen ein vierzehnjähriges Mädchen und es soll so tun, als würde es Spaß machen? Wie soll das denn gehen? Sollten die mal diese Schmerzen aushalten müssen in allen Öffnungen, die man hat. Dann werden wir sehen, wer zuerst brüllt oder sich sogar vor Angst bepinkeln würde.
Völlig zerschunden und bestehend nur noch aus Erniedrigung, Qual und Schmerzen brachte mein Vater mich in mein Bett. Laufen war mir nicht mehr möglich. Ich war mehr tot als lebendig.

Ich hatte geweint und geschrien. Er würde mich bestrafen, dessen war ich mir ganz sicher. Als alle weg waren, kam er zu mir in mein Zimmer, zerrte mich an den Haaren in den Keller.
Ich war geschunden und hatte überall Schmerzen, mein Überlebensinstinkt ließ aber das Brüllen und Betteln zu:
„Nein, bitte nicht in den Keller!"
„Ich hatte dir verboten, zu weinen und zu schreien. Unsere Gäste sollten sich willkommen fühlen. Das hast du kleine

Schlampe gründlich versaut."
„Es tat aber so weh!", schrie ich wie von Sinnen.
„Brüllst du noch mal so oder kommst du gar auf die Idee, abzuhauen, ich bringe dich um! Ich finde dich überall!"
Die Tür schlug zu und ich saß im kalten, dunklen Keller. Auf meinem geschundenen und schmerzenden Körper tummelten sich die Krabbeltiere. Ich hatte keine Kraft mehr, sie wegzuschlagen. Mein Bewusstsein verlor ich, kam wieder zu mir, verlor es wieder – immer im Wechsel. Niemand kümmerte sich um mich. Krampfhaft versuchte ich, an meine Mama zu denken. Es gelang mir nicht. Beten wollte ich nicht mehr, zu wem auch? Es gab keinen Gott mehr für mich, er würde solche Grausamkeiten niemals zulassen. Er hatte sich von mir abgewendet, weil ich ein ekelhaftes Nichts war.
Mein Vater wollte mich brechen, meine Seele komplett zerstören. Warum nur?
Ich saß hier unten, kaum Herr meiner Sinne. Diese Dunkelheit, die Tierchen, Hunger, Durst und keine Toilette – demütigend und unbeherrschbare Angst ohne Ende.
Ich lehnte sitzend mit dem Rücken an der kalten, nassen Wand und weinte. Oh nein, nicht weinen, es ist mir verboten. Schnell wischte ich mir mit dem Handrücken die Tränen aus dem Gesicht. Einen Pullover und eine Hose hatte er mir hinterhergeworfen. Mehr gab es nicht für mich.
Eine Ewigkeit saß ich schon hier unten. Mein Zeitgefühl verlor ich hier in meinem Verlies immer. Um mich herum

herrschte absolute Dunkelheit. Irgendwann verspürte ich schrecklichen Durst, er machte mich fast wahnsinnig. Unaufhörlich versuchte ich, Speichel in meinem Mund zu sammeln. Es gelang mir kaum noch. Später kam auch noch Hunger dazu. Fest drückte ich die Faust in meinen leeren Magen in der Hoffnung, mein Hungergefühl wegdrücken zu können. Auch das war sinnlos. Mein Magen schmerzte. So legte ich mich auf den Boden, zog meine Knie bis zum Kinn. Am liebsten hätte ich mich ganz klein oder sogar unsichtbar gemacht. Vielleicht hätte ich dann keinen Hunger und keinen Durst mehr. Mit zitternden Fingern fuhr ich über meine spröden, trockenen Lippen und versuchte immer wieder, sie mit meiner Zunge zu benetzen. Speichel hatte ich aber fast nicht mehr, mein Mund und meine Kehle waren trocken wir Sand in der Sahara. Ganze drei Tage und Nächte musste ich in meinem Verlies ausharren ohne Essen, Trinken, Decke und Toilette. Ich fror entsetzlich. Mein Vater wollte mir zeigen, dass er mich eiskalt verhungern und verdursten lassen könnte, würde ich nicht spuren. Ich sollte gehorchen und seine Befehle ohne Widerspruch ausführen, völlig egal, was er auch von mir verlangte. Aber egal, wie sehr ich mich auch anstrengte, er und diese Kerle fanden immer etwas, womit sie nicht zufrieden waren und ich landete im Keller.

Das Einzige, was es für mich nicht mehr gab, war die schreckliche Glut seiner Zigaretten auf meinem Körper.

Kleine, weiße, kreisrunde Narben sind heute stumme Zeugen dieser Grausamkeit.

Es gab bei einer dieser Orgien wieder eine neue, abartige Form der Folter. Heute wurden wir mir kleine Metallklammern an meinen Brustwarzen und an meinen Schamlippen befestigt. Diese Schmerzen sind nicht in Worte zu fassen. Dabei sollte ich doch nicht weinen und schreien. Ich konnte nicht anders. Diese gierigen, perversen Schweine taten mir so entsetzlich weh und erfreuten sich an meiner Qual.
Ich brüllte panisch:
„Hört auf … ich will das nicht … es tut so weh", jammerte ich kläglich heulend. Wutentbrannt stürzte sich mein Vater auf mich, schlug mir ein paar Mal ins Gesicht und boxte mir brutal in den Bauch. Daraufhin blieb mir die Luft weg, so sehr schmerzte es. Ich wimmerte nur noch, zu mehr war ich nicht mehr fähig. Jeder hatte seinen Spaß, auch wenn sie ihre „Freude" abbrechen mussten. Schmerzhaft wurden mir die Klammern entfernt. Qualen! Qualen! Qualen!
Schon schleifte er mich an den Haaren wieder mal in den Keller. Die anderen Typen lachten hämisch hinter mir her: „Bis bald Mädchen … wir sehen uns." Hahahahahahahahaha.
Unser einst so eleganter blauer Salon war jetzt nur noch dreckig und schwarz für mich. Hier stank es nach allen Ausdünstungen, Alkohol und vor allem ekelhaft nach menschlichen Ausscheidungen. Ich musste es zwar immer

alles wegputzen, der Gestank aber verflog nie.
Unser schöner prachtvoller Raum war für mich zu einem Horrorzimmer der Leiden und Qualen geworden.

Welche Typen geben sich dafür her, zu mehreren ein Mädchen zu vergewaltigen und es zu entwürdigen?
Wer sind solche Menschen?
Menschen kann man nicht sagen, für mich sind es Bestien ohne Gewissen und Seele. Zu Hause warten vielleicht Frau und Kinder, eventuell eine Tochter in meinem Alter?
Was würden sie tun, wäre es mit ihrem Kind passiert? Erzählten sie zu Hause ihren Frauen und Kindern, welchen anstrengenden Tag sie auf der Arbeit hatten?

Manchmal erlaubte mir mein Vater, nicht in die Schule gehen zu müssen. Nein, das wollte ich nicht, ich wollte raus. Auch wenn ich nie Anschluss fand, wollte ich wenigstens für ein paar Stunden das Haus meiner Hölle entfliehen können. Nur wenn ich ein blaues Auge oder aufgeplatzte Lippen hatte, blieb ich daheim. Ansonsten schleppte ich mich immer in die Schule.

Für mich war der Zeitpunkt gekommen, abzuhauen. Völlig planlos ging ich nach der Schule nicht nach Hause. Ich wollte in die nächste Stadt, hatte nichts bei mir, keine Wechselklamotten, kein Essen, kein Trinken und kein Geld. Hier hielt ich es einfach nicht mehr aus. Es war eine totale Kurzschlussreaktion, ohne darüber nachzudenken. Ich trampte bis zum Bahnhof, dort wollte ich schwarz bis zur nächsten größeren Stadt fahren. In der Anonymität wollte ich untertauchen. Leider bekam ich nicht mit, dass ich schon von der Polizei beobachtet wurde. Weglaufen! Ich rannte, wohin wusste ich nicht. Es war zu spät. Die Beamten waren schneller als ich und griffen mich auf. Ich wurde zum Revier gefahren und befragt.

„Warum bist du denn weggelaufen? Möchtest du uns das sagen?"

Kein Ton kam über meine Lippen. Vielleicht kannte mein Vater hier auch wichtige Leute.

„Soll lieber eine Frau mit dir reden?"

Ich zuckte hilflos mit den Schultern. Hätte ich doch nur den Mund aufgemacht, mir wäre so viel erspart geblieben. Ich traute mich nicht. War ich doch nun mal ein ekelhaftes Nichts und musste so behandelt werden. Für mich allein wollte ich sein und keine Schmerzen mehr haben. Sagen konnte ich es nicht.

Der Polizei blieb nichts anderes übrig, als mich zurück in meine Hölle zu bringen.

Mein Vater schlug mich mit einem Stock blutig und

schleppte mich in mein Bett. Ich sollte mich erholen. Wofür war mir nur zu klar.

Die Orgien fanden an jedem Wochenende statt. Mein Vater hatte mich so weit – ich gehorchte blind und führte die Befehle widerstandslos aus. Ich weinte nicht mehr. Gebrochen war ich – endgültig. Würde besaß ich nicht mehr die geringste.
Manuela gab es vorher schon nur noch ganz selten, jetzt gab es mich überhaupt nicht mehr. Ich war die Prostituierte meines Vaters und musste für jede Perversion zur Verfügung stehen.

Einmal waren es sechs Männer. Schmerzen und Demütigung waren nicht mehr zu übertreffen. Mitten in der Schändung und Vergewaltigung umgab mich ganz plötzlich ein Nebel, ich wurde ganz leicht. Es war, als könnte ich fliegen. Mein Geist verließ meinen Körper, ich flog durch die Luft. Schmerzen nahm ich nicht mehr wahr. Hoch, immer höher ging die Reise, auf einer wunderschönen Blumenwiese landete ich als Engelchen. Hier roch es so gut, so frisch nach allen Blumensorten, die ich mir vorstellen konnte. Kein Gestank und kein Ekel, nur frisch, süß und einfach herrlich. Von der Wiese sah ich nach unten auf das junge Mädchen, was fast noch ein Kind war. So zart und klein war sie. Die Männer fielen brutal über die Kleine her und lebten ihre Perversionen an ihr aus. Sie tat mir so unglaublich leid.
Später wachte ich in meinem Bett auf, in welches mich diese Bestien tragen mussten. Selbst konnte ich nach diesen Missbräuchen nicht mehr gehen.

Als ich wieder voll bei mir war, spürte ich die grenzenlosen Schmerzen überall auf meinem Körper. Jeder einzelne Muskel und jeder Körperteil taten mir weh, Wunden brannten wie Feuer.

Von diesem Tag an schaffte ich es immer, mich auf diese schöne Blumenwiese zu katapultieren. Ich denke, ohne diese Dissoziation hätte ich mein Martyrium nicht überleben können. Meine Seele trennte sich von meinem Körper, ich sah von oben zu, was dem Mädchen angetan wurde. Die Schmerzen und die Demütigung spürte ich nicht mehr. Voller Mitleid war ich. Erwachte ich später in meinem Bett, kamen sie mit voller Wucht zurück in meinem Körper.

Die nächsten Jahre zogen an mir vorbei. Mit sehr schlechten Noten schloss ich die Schule ab, mir war es völlig egal. Mein Vater hatte aber überall seine Hände im Spiel, so dass er mir eine Ausbildung zur Erzieherin besorgte. Ich hätte viel lieber mit Tieren gearbeitet, das wollte er nicht. Etwas „Anständiges" sollte ich lernen und basta!

Ich hätte es nicht für möglich gehalten, aber die Ausbildung bereitete mir großen Spaß. Ein Stellenangebot ergab sich leider nicht, hier durfte ich nur meine Ausbildung absolvieren. Kein Problem für meinen Vater. Schnell hatte ich in einer anderen Kindertagesstätte einen Job. Auch hier arbeitete ich sehr gern, meine Kolleginnen waren sehr nett zu mir. Leider war ich so oft mit meinen Gedanken dermaßen abwesend, dass ich vergaß, auf die kleinen Mäuse aufzupassen.

Ich versank immer mehr in meiner Qual und Angst vor den nächsten Schmerzen und Perversionen, dass ich in diesen Momenten nichts mehr um mich herum wahrnahm. Es blieb aber nicht bei Momenten, die Abstände wurden kürzer und die geistige Abwesenheit immer länger.

Zwei Abmahnungen hatte ich mir deshalb schon eingefangen. Jetzt bekam ich die fristlose Kündigung. Es war nicht mehr zu verantworten, mir kleine Kinder anzuvertrauen. Selbstverständlich erwartete mich zu Hause ein Riesendonnerwetter.

„Bist du sogar zu dämlich, auf kleine Kinder aufzupassen, du Flittchen? Du bist echt nur noch zum Bahnhofsklo putzen gut genug. Was habe ich da bloß großgezogen?" Jedes einzelne Wort war ein Schlag für mich. Aber auch seine Fäuste. Ich konnte nur meinen Kopf mit den Armen schützen und aushalten.

Schon immer, wenn ich aus der Schule, von der Ausbildung oder wie heute vom Einkaufen kam, nahm ich die Post aus dem Briefkasten. Heute war ein Umschlag mit Sticker darin, darauf stand mein Name. Wer würde mir denn schreiben?
Noch auf dem Weg ins Haus riss ich ihn auf. In dem schön verzierten Umschlag befand sich eine Einladung zu unserem ersten Klassentreffen. Sie hatten an mich gedacht. Ich freute mich wie verrückt. Drinnen dachte ich darüber nach. Ich kam zu dem Schluss, dass mein Vater mir dieses Vergnügen niemals erlauben würde.
Allen Mut, den ich noch aufbringen konnte, nahm ich zusammen, legte ihm ein paar Tage später die Einladung vor.
„Bitte Papa, darf ich hingehen?"
Sofort brüllte er mich an:
„Putze lieber erst mal ordentlich und koche vernünftiges Essen!"
„Aber das mache ich doch", entgegnete ich mit vibrierender Stimme.
„Wenn ich sage, du machst nichts ordentlich, dann ist das so und jetzt Schluss damit! Du gehst da nicht hin und fertig!"
Völlig niedergeschlagen ging ich in mein Zimmer, sofort rief er mich zurück:
„Manu, hier schau, wie dreckig die Schränke sind." Er hielt mir seinen weiß behandschuhten Finger hin, auf dem sich Flusen sammelten.

Samstagabend, der Tag des Klassentreffens, war angebrochen. Traurig dachte ich an meine ehemaligen Mitschüler, die heute einen wunderschönen Abend haben durften, nur ich nicht.

Nein, dieses Mal möchte ich dabei sein, egal wie!

Ich nahm mir vor, wenn mein Vater in seine Kneipe ging, werde ich an diesem Klassentreffen teilnehmen.

Nur einmal wollte ich dazugehören. Für ein paar Stunden leben, wie ein ganz normales, junges Mädchen.

Er war kaum weg, schon rannte ich in mein Zimmer und zog mich um. Los ging es. Ich musste ungefähr eine halbe Stunde laufen, dann war ich da. Es trat ein, was ich niemals für möglich gehalten hätte – manche ehemaligen Mitschüler freuten sich sogar, dass ich da war. Diese Tatsache war ein völlig neues, aber schönes Gefühl für mich. Sarah war auch dort, sie umarmte mich sofort:

„Ist das schön, dass du hier bist."

„Ja, ich freue mich auch."

Richtig abschalten konnte ich nicht, weil ich so schreckliche Angst vor meinem Vater hatte, aber hier zu sein, war es mir wert. Sollte er mich doch totschlagen.

Wir hatten eine wunderbare Stimmung, ein ehemaliger Mitschüler schielte immer zu mir herüber. Er sah so gut aus, aber mehr als Blicke ließ ich nicht zu. Mit ihm tanzen konnte ich nicht. So eklig wie ich war, konnte ich doch nicht mit meinen ehemaligen Mitschülern tanzen. Inständig

hoffte ich, dass mir niemand ansah, was zu Hause mit mir geschah.
Mir reichte es vollkommen, einfach nur der fröhlichen Meute zuzuschauen und sagen zu dürfen – ich war dabei. Hier zu sitzen mit einem Orangensaft war völlig o. k. für mich. Sarah kam zu mir: „Wollen wir uns nicht mal wieder treffen?"
Ich konnte nur mit den Schultern zucken, was sollte ich auch sagen? Klar wollte ich das, nur zu gern, ich durfte doch aber nicht. Sagen konnte ich ihr das natürlich nicht.
„Bitte, versuch es mal. Wir können mal essen gehen oder etwas trinken. Komm schon", bettelte sie mich.
„Mal sehen", kam nur von mir, Sarah ging daraufhin wieder tanzen. Sie wollte mich an der Hand mitziehen, ich wehrte mich dagegen.
01:00 Uhr nachts begab ich mich auf den Heimweg. Ich betete, dass mein Vater total besoffen im Bett lag und nicht mitbekommen hatte, dass ich weg war. Ich hätte es mir denken müssen, dass er natürlich dieses Datum im Kopf hatte. So leise ich konnte, schloss ich die Haustür auf, zog meine Schuhe aus und schlich in den Flur.
Plötzlich ging das Licht an, mein Vater stand in voller Größe vor mir. Ganz ruhig sah er mich an und schlug mir ins Gesicht. Er brüllte nicht, sondern war still. Er machte mir dadurch noch mehr Angst. Ohne Worte griff er in meine Haare, einige Büschel zog er mir wieder heraus und zerrte mich in den Keller.

Sonntagabend durfte ich wieder nach oben. Die Kellerstrafe war immer so unendlich schlimm für mich, aber ich bereute nichts. Ich habe für ein paar Stunden normal leben dürfen. Man freute sich, dass ich, die ekelhafte Manuela, an diesem schönen Abend teilnahm und das war ein so schönes Gefühl. Diese Erinnerungen konnte mir dieses Scheusal nicht mehr nehmen.

Mein achtzehnter Geburtstag war angebrochen. Von meinem Vater hatte ich nichts zu erwarten. Heute Abend vielleicht eine „kleine Feier" mit seinen Freunden, mal sehen.
Ich ging nicht mehr oft zu meiner Oma, nur Mama besuchen ließ ich mir nicht nehmen. Bei meiner Oma hatte ich immer Angst, dass sie mir meine Qualen ansehen und die unendlich vielen blauen Flecken und Wunden entdecken würde. Das durfte auf keinen Fall passieren.
Ich buk einen Kuchen und ging zu ihr. Sie freute sich sehr, mich zu sehen. Ich war dick eingemummelt und trug einen Schal. Nichts sollte sie mitbekommen. Herzlich gratulierte sie mir und schenkte mir einen Strauß Rosen und einen Umschlag, darin befanden sich zweihundert Mark.
„Kauf dir etwas Schönes, Kleines, oder lege es weg für später."
„Danke, Oma."
Wir tranken Kaffee, aßen meinen Kuchen.
„Du bist ja eine richtig kleine Hausfrau geworden. Schmeckt sehr gut", lobte sie mich. Meine Oma bedeutete mir alles.
„Oma, es tut mir leid, dass ich mich so rar gemacht hatte. Die Zeit verging immer so schnell …"
„Ach was, alles ist gut, Kleines. Du musst dir keine Gedanken machen. Ich weiß doch, wie streng dein Vater ist."
Wir verbrachten einen schönen Nachmittag, leider musste ich am frühen Abend wieder nach Hause, war es mir doch immer noch verboten, meine Oma zu besuchen.

Wieder blieb meine Regelblutung aus. Mittlerweile war ich schlauer geworden und spürte, dass ich wieder schwanger war. Es konnte nur von meinem Vater sein. Die anderen Bestien benutzten Kondome, er nicht.
Um Gottes willen, was soll ich denn jetzt tun? Ich kann kein Baby meines Vaters zur Welt bringen und das Erlebnis im Badezimmer war so schrecklich, dass ich mich auch dazu nicht durchringen konnte. Es blieb nur noch ein Ausweg – ich musste von zu Hause weg und mir einen Vater für mein Baby suchen. Man sah mir noch nichts an, meine Blutung war auch erst einmal ausgeblieben. Morgendliche Übelkeit ließ keinen Zweifel mehr zu. Blieb mir denn aber auch gar nichts mehr erspart?
Es liest sich jetzt völlig dumm und daneben, leider waren meine Gedanken total wirr: Ich brauche einen Vater für mein Kind. Völlig egal, wie.

An diesem Abend ging mein Vater in seine geliebte Kneipe. Ich beeilte mich, ein paar Klamotten zu packen und lief von zu Hause weg. Mit den zweihundert Mark von Oma konnte ich mit dem Zug in eine große Stadt fahren und für ein paar Tage in eine Pension ziehen.
Ich war frei.
Endlich frei.
Genießen konnte ich diese Freiheit leider nicht. Ich bestand nur aus grenzenloser Angst. Albträume beherrschten meine Nächte, Panikattacken begleiteten mich unaufhörlich.

Am schlimmsten war es auf der Toilette. Ich konnte den Geruch fast nicht mehr ertragen. Zumindest brauchte ich keine Angst vor der Polizei zu haben. Ich war volljährig, somit konnte mich niemand zwingen, wieder nach Hause zu gehen.
Mein Geld war schnell ausgegeben, ich musste aus der Pension ausziehen. Von nun an lebte ich auf der Straße dieser Stadt. Ich aß, was andere Menschen wegwarfen, getrunken habe ich am Springbrunnen im Stadtpark. Wir hatten Mitte März und es war empfindlich kalt. Ich schlief im Bahnhof, in einem Abrissgebäude oder unter – im wahrsten Sinne des Wortes – der Brücke. Gewaschen habe ich mich auf der Bahnhofstoilette. Alles war besser als zu Hause. Am Tag hielt ich mich oft am Busbahnhof auf. Was ich aber nie getan hatte, betteln. Nie hätte ich das getan. Nicht einmal. Das traute ich mich gar nicht.
Wo war ich nur gelandet?
Ich hatte keinen Job und kein eigenes Zuhause, stattdessen lebte ich hier auf der Straße. Mit leerem Blick beobachtete ich die Leute, die fast alle in Hektik irgendwo an mir vorbei eilten. Viele bepackt mit Einkäufen oder Kindern an der Hand.
Kamen sie in ein schönes Zuhause?
Hatten sie Liebe um sich?
Waren sie liebevoll zu ihren Kindern?
Ich stellte mir eine nette kleine Familie beim Abendessen vor. Der Vater fragte die Kleine, wie der Tag war. Das

kleine Mädchen plapperte munter drauf los und beide Eltern lachten. Später wurde die Maus liebevoll gebadet, ins Bett gebracht, bekam noch eine Geschichte und mit Gute-Nacht-Kuss wurde sie ins Traumland geschickt.

Eine Woche saß ich hier jeden Tag am Busbahnhof und versank in meinen Gedanken. Eines Tages, es war mieses und regnerisches Wetter, ich fror wie irre, sprach mich ein junger Mann an:
„Was machen Sie denn hier so allein? Ich beobachte Sie schon ein paar Tage."
„Ich bin von zu Hause weggelaufen. Jetzt weiß ich nicht, wo ich hin soll", erklärte ich sofort bereitwillig.
„Darf ich fragen, wie alt Sie sind?"
„Ich bin gerade achtzehn geworden."
„Oh … das ist … Sie sind volljährig. Ich kann Ihnen ein Angebot machen, wenn Sie möchten."
„Was denn?"
„Ich wohne noch bei meiner Mutter, aber es wäre bestimmt kein Problem, wenn Sie mit zu uns kommen würden. Ein warmes Bad, etwas zu essen und ein kuscheliges Bett wären doch etwas oder meinen Sie nicht? Sie können hier schließlich nicht wie ein Hund leben. Ach, übrigens … ich heiße Gerald und bin zweiundzwanzig Jahre alt."
Er wollte mich mit zu sich nehmen?
Einfach so?
Sollte ich es wagen? Ja, ich musste, mir blieb keine Wahl.
„Danke für das Angebot. Ich bin Manuela." Unsicher lächelte ich ihn an. Er war nur ein Stück größer als ich, kleine Augen sahen mich an, er war noch so jung und bekam schon eine Halbglatze, eine Schönheit war er wahrlich nicht, mir war das völlig egal.

„Und, was sagen Sie? Möchten Sie mitkommen."
Unsicher nickte ich und flüsterte ein „Ja".
Für mich war Gerald wie ein Sechser im Lotto. Ein wildfremder junger Mann stand vor mir und ich ging einfach mit. Wieder möchte ich sagen – schlimmer als zu Hause könnte es nirgends mehr sein.
Er wohnte mit seiner Mutter in einer geräumigen Wohnung, sie war einfach, aber gemütlich eingerichtet. Er stellte mich seiner Mutter vor, sie schien von meiner Anwesenheit wenig begeistert zu sein.
An diesem Abend verführte ich Gerald sofort. Das war das Einzige, was ich wirklich konnte. Meine Schwangerschaft war kaum vorhanden, somit konnte ich ihm das Kind unterjubeln.
Er bemerkte natürlich sofort meine vielen Narben, auch im Intimbereich.
„Oh Gott … Manuela, was ist dir denn passiert? Ist es das, was ich denke?"
Ich nickte, meine Augen begannen zu brennen. Ich wollte aber nicht weinen.
„Zeig das Schwein an!"
Er hatte gut reden, woher sollte er es auch besser wissen? Es waren doch so viele. Sollte ich die alle anzeigen? Ich wusste ja nicht einmal ihre Namen. Heftig schüttelte ich mit dem Kopf.
Gerald verliebte sich scheinbar in mich. Liebte ich ihn? Ich kann es nicht sagen. Er war mir nicht egal, ich mochte ihn,

aber Liebe? Ich hatte keine Ahnung.
Die Mutter von Gerald war alles andere als nett zu mir. Sie war eine sehr herrische und unfreundliche Person. Ich versuchte, ihr überall zu helfen, wo ich konnte. Sie ließ es auch zu, aber zufrieden schien sie nie zu sein.
Zwei Monate später erzählte ich Gerald im Beisein seiner Mutter, dass ich schwanger war.
„Waaaaaas? Wir bekommen ein Baby?"
Er freute sich wie ein kleines Kind und wirbelte mich im Kreis. Ich bin mir völlig bewusst und im Klaren darüber, dass es gemein ist, einem Mann ein fremdes Kind unterzuschieben, aber welche Wahl hatte ich? Ich war so voller Angst, Panik und Entsetzen, dass ich einfach nicht anders konnte. Jeder in unserem Dorf wusste, dass ich keinen Freund hatte. Eine Rumtreiberin war ich auch nicht, ging nie aus, also woher sollte plötzlich dieses Baby kommen? Ich hatte so Angst, dass man mir ansehen könnte, dass der Vater meines Kindes mein eigener Vater war. Das durfte nie passieren.
Seiner Mutter gefiel der Gedanke überhaupt nicht.
„Ihr seid doch noch gar nicht lange zusammen? Muss man gleich mit einem Kind anfangen?"
„Man Mama, wir schaffen das schon."
„Ja, aber denkt nicht, dass ich euch hier zu dritt mit wohnen lasse. Ich müsst euch so schnell wie möglich etwas Eigenes suchen."
„Ja, das ist mir auch klar, man du gehst mir auf die Nerven."

Wir wollten das ja selbst, allein wohnen. Ich fühlte mich hier sowieso nicht wohl. Gerald arbeitete als Vorarbeiter auf dem Bau und hatte ein gutes Einkommen. Wir fanden schnell eine Zwei-Zimmer-Wohnung, sie reichte uns vollkommen aus. Die Miete war erschwinglich. Gerald nahm die Möbel seines Zimmers mit, den Rest kauften wir uns gebraucht, eine Küche war vorhanden.

Ich konnte mein Glück kaum fassen. Ich war frei und hatte eine eigene Wohnung, in der ich mich zufrieden auf mein Baby freuen konnte. Ja, auch wenn es das Kind meines Vaters war, so war es auch meines und ich liebte es jetzt schon. Es war ein Teil von mir.

Gerald wusste nur, dass ich missbraucht wurde, nie hatte ich ihm erzählt, von wem. Heute sollte sich das ändern.

Nach dem Abendessen ging ich in die Wanne, später wollte ich mit ihm reden. Aufmerksam hörte er mir zu. „Dein eigener Vater?"

Weinend nickte ich. Er hielt mich fest im Arm und ließ mich weinen.

Wusste ich nun schon, ob ich Gerald liebte?

Die große Liebe, wie geht die?

Nun wusste Gerald, dass mein Vater mich missbraucht hatte, mehr aber nicht. Keine Einzelheiten erzählte ich und von den Orgien gleich gar nicht, auch nicht von den Kellerstrafen. Eines Tages überredete er mich, zu meinem Vater zu fahren.

„Nein, ich will da nie wieder hin", Panik erfasste mich sofort.

„Ich verspreche dir, ich passe auf dich auf." Er war der Meinung, dass mein Vater trotz allem erfahren sollte, dass er Opa werden würde. Widerwillig stimmte ich zu, widersprechen war keine Option für mich. Nie konnte ich das. Eine eigene Meinung wurde mir ausgeprügelt und wegmissbraucht. Ich war ein Etwas, das gehorchen musste, mehr nicht.

Mein Vater freute sich, uns zu sehen. Zumindest tat er so. Als er hörte, dass er bald Opa sein würde, nahm er mich in seinen Arm:

„Herzlichen Glückwunsch, meine Kleine."

Erwidern konnte ich seine Umarmung in keinster Weise, ich war steif wie ein Brett.

Wie falsch war dieser Mensch nur?

Niemals hatte er mich meine Kleine genannt. Ich war immer sein Flittchen, seine Schlampe, sein Prügelknabe und sein Aschenbecher. Und nicht zu vergessen: seine Prostituierte.

Da war er wieder, der perfekte Schauspieler.

„Ihr hättet euch doch keine Wohnung nehmen müssen. Die Miete könntet ihr euch sparen. Hier ist so viel Platz im Haus." Das stimmte sogar. Unser Haus war sehr groß. Ich wollte das auf keinen Fall. Mein ganzes Inneres sträubte sich dagegen. Gerald stimmte trotz seines Wissens über das, was mir passiert ist, zu.

„Hey Manu, das ist doch toll. Wir sparen die Miete und irgendwann können wir in eine richtig schicke Wohnung ziehen. Du brauchst dir auch keine Gedanken mehr um einen Job zu machen. Ich bringe das Geld nach Hause und du kümmerst dich um unser Kind. Bitte … komm schon, sag ja."

Böse war der Blick meines Vaters in meine Richtung. Sofort kroch die altbekannte Angst in mir hoch.

Widerwillig nickte ich, nur gehorchen war angesagt, und

genau das tat ich.
„Ihr könnt hier unten die Räume haben, aus dem Wohnzimmer könnt ihr dann gleich über die Terrasse in den Garten mit dem Kind. Ich ziehe hoch", bot uns mein Vater an. Ich war nur stummer Zuschauer dieser Szenen. Zwei Tage später bekam ich vor meinem Vater von Gerald einen Heiratsantrag. Sofort stimmte ich zu, obwohl wir überhaupt noch nicht lange zusammen waren. Was sollte mir schon passieren? Ich hatte von klein auf jeden erdenklichen Missbrauch, unzählige Vergewaltigungen und Perversionen erleben und erdulden müssen, was sollte jetzt noch kommen?

Wir planten eine Feier in kleinem Rahmen. Sie sollte bei uns im Garten stattfinden. Das Abendessen ließ Gerald von einer Cateringfirma liefern.
„Hast du schon ein Brautkleid? Bitte heiratest du in Weiß? Obwohl du schwanger bist?"
Ich lächelte: „Ja, das hatte ich vor. Nur eine Prinzessin werde ich mit dem Bauch nicht sein."
„Doch, du bist und wirst meine Prinzessin sein."
Wir küssten uns zärtlich. Gerald zog mich immer mehr in seinen Bann. Er war so ruhig und liebevoll.

Unser großer Tag war angebrochen. Ich fühlte mich in meinem Brautkleid wunderschön, trotz des mittlerweile dicken Bauches aufgrund meiner Schwangerschaft. Ein langes weißes Kleid voller Spitze und Glitzer, welches meinen Bauchumfang sehr gut kaschierte, trug ich. Mein Brautkleid war ein Traum, aber innerlich war ich nur Dreck und Ekel. Gerald trug einen anthrazitfarbenen Anzug, ein weißes Hemd und Krawatte. Er sah nicht schlecht aus. Nach der Trauung gingen wir mit Papa, Schwiegermama und Oma essen. Zur Feier später waren noch ein paar Kollegen mit Partnerinnen eingeladen. Mein Vater zeigte sich von seiner besten Seite. Oma strahlte mich an:
„Ich wünsche alles Glück der Welt, Kleines."

Der Tag war wunderschön, Gerald schien mich auf Händen zu tragen.
Ein Pärchen blieb über Nacht, Gerald überredete sie dazu. Später erfuhr ich auch, warum. Als sich alle anderen Gäste verabschiedet hatten, wollte mein frisch angetrauter Ehemann Partnertausch. Die Frau war sofort einverstanden. Dass sie meinen Mann anhimmelte, ist mir den ganzen Tag aufgefallen, natürlich dachte ich mir nichts dabei. Ganz im Gegenteil, ich war stolz, einen lieben Mann an meiner Seite gefunden zu haben.
„Maaaaan Manu, nun stell dich doch nicht so an. Es ist doch nichts Schlimmes."
Schockiert konnte ich gar nicht antworten.

Ging es den Männern denn nur noch um Sex?
Sind denn wirklich alle so?
Weil ich aber schwanger war, lehnte der Mann ab. Gott sei Dank. Aber mein Mann schlief mit der Frau, und wir zwei schauten zu. Ich widersprach nicht, duldete es. Während Gerald mit der Frau seinen Spaß hatte, schloss ich die Augen.

Die Geburt meines Babys rückte immer näher. Liebevoll war das Kinderzimmer eingerichtet. Mein Vater hatte sogar ein Bettchen mit Himmel selbst gebaut. Scheinbar kam der Mann zum Vorschein, der, wie mir meine Mama damals erzählte, das ganze Haus renoviert hatte.
Artig bedankte ich mich, aber nur mit Worten. Eine Umarmung war absolut nicht möglich. Niemals würde ich dieses Monster jemals in den Arm nehmen können. Er könnte vor mir liegen und um Gnade winseln, ich würde eher noch auf ihn treten.
Ich entschied mich für eine Hausgeburt. Meine Hebamme fragte mich, woher ich denn die vielen Narben hätte.
„Ich möchte bitte nicht darüber sprechen", sagte ich flehend. Nie wieder fragte sie mich danach.
Sieben Stunden lag ich in den Wehen. Die Schmerzen waren heftig, aber ich war viel Schlimmeres gewöhnt.
Als ich mein Baby in den Armen hielt, konnte ich mein Glück kaum fassen. Ich war jetzt stolze Mama eines kleinen Söhnchens. Er war so süß und winzig. Meine ganze Liebe wollte ich dem kleinen Menschlein geben, ganz egal, dass sein Vater auch mein Vater war. Der kleine Wurm konnte nichts dafür. Wir nannten ihn Stephan.
Gerald weinte vor Rührung, als er zum ersten Mal „seinen" Sohn im Arm hielt. Leider konnte ich ihn nicht stillen, mein Körper funktionierte diesbezüglich nicht. Die Milch vertrug er leider auch nicht.
Das kleine Mäuschen erbrach sich ständig und schrie vor

Bauchschmerzen. Ich war völlig verzweifelt. Stephan musste in eine Klinik, dort wollten sie ihn auf eine Spezialnahrung umstellen. Jede freie Minute verbrachte ich bei meinem kleinen Liebling. Ich streichelte ihn und sang leise Lieder. Gerald besuchte ihn mit mir zusammen, aber bald spürte ich, dass es ihm zu viel wurde. Gesagt hatte ich nie etwas dazu.

Drei lange Monate lag Stephan im Krankenhaus. Wie glücklich war ich, als wir ihn endlich mit nach Hause nehmen durften.

„Jetzt bist du wieder bei uns, mein kleiner Engel. Du bist ja schon richtig gewachsen. Ich liebe dich so sehr", flüsterte ich in sein kleines Ohr, als er in meinem Arm lag. Jetzt konnten wir als kleine Familie durchstarten.

Leider entwickelte sich unser kleiner Mann nicht so, wie es sein sollte. Er hob sein Köpfchen nicht, griff nach nichts, er konnte nicht krabbeln, und Laufen lernte er sehr spät.

Mein Baby litt an Entwicklungsverzögerungen. Ich würde mit ihm üben, so viel ich kann und das tat ich.

In all den Jahren schaffte ich einiges, aber er kam nie auf den Stand von Gleichaltrigen. Wieder musste ich mit ihm zum Kinderarzt, die Kindertagesstätte hatte es mir empfohlen, weil Stephan nicht in der Lage war, etwas mit den anderen Kindern zu lernen, er wollte nicht einmal mitmachen. Wusste das kleine Kerlchen schon, dass er es sowieso nicht schaffen würde? Ja, er spürte es, davon bin ich überzeugt.

Mein Sohn war geistig sehr zurückgeblieben, mir sagte es der Kinderarzt ohne Umschweife. Natürlich versuchte er, mich zu trösten und klärte mich darüber auf, welche Förderungen wir in Anspruch nehmen könnten. Wir waren total geschockt, ich weinte wochenlang. Trotzdem war er allerliebst, meine Liebe zu ihm war nicht in Worte zu fassen. Mit Engelsgeduld übte ich alles mit ihm, was er nicht allein konnte.

Abfällig sagte mein Vater zu mir: „Du bist nicht einmal fähig, ein gesundes Kind in die Welt zu setzen."
Natürlich sagte er mir das unter vier Augen. Gerald war auf Arbeit. Sofort drehte ich mich um, rannte in unser Schlafzimmer und schloss mich ein, bis mein Mann nach Hause kam.
Als Gerald zu Hause war, rüttelte er an der Schlafzimmertür. Sofort schloss ich zitternd auf.
„Was ist denn mit dir los?"
„Ich hatte ganz plötzlich Angst und Panik bekommen. Ich weiß selbst nicht, was in mich gefahren ist", entschuldigte ich mich.
„Ist es etwa wegen deinem Vater?"
Ich zuckte mit den Schultern.
„Mann, Manuela, irgendwann muss doch auch mal wieder gut sein. Es ist doch so lange her."
Er hatte doch überhaupt keine Ahnung. Jede einzelne Vergewaltigung ist schlimm und jedes Opfer leidet unsägliche

Qualen, ein Leben lang. Niemand, der es nicht selbst erleben musste, kann diese Pein nachvollziehen. Gerald leider am wenigsten.

Mein Sohn hielt in seinem Bettchen Mittagsschlaf, Gerald und ich hatten Sex auf dem Sofa. Es war Hochsommer, wir hatten die Terrassentür geöffnet. Wie aus dem Nichts stand plötzlich mein Vater im Zimmer. Gerald sah nur kurz auf, dann kamen die Worte, die mir den Boden unter den Füßen wegrissen:
„Schau, du hast so eine hübsche Tochter. Magst du mitmachen?"
Ich wollte meinen Mann von mir schieben, er ließ es aber nicht zu. Meine Kraft reichte nicht aus. Ich kämpfte mit aller Macht gegen ihn – keine Chance. Mein Vater wird aber hier nicht mitmachen, da war ich mir sicher. Wie schrecklich sollte ich mich irren. Dieser Mann, der sich „Vater" schimpfte, fackelte nicht lange, entledigte sich seiner Kleidung und beide fielen über mich her.
Ich schrie nicht, ich weinte nicht. Das war mir von meinem Vater verboten worden. Die Angst vor drakonischen Strafen wuchs in mir, so ließ ich es über mich ergehen. Sie benutzten eine willenlose Hülle, mehr war ich nicht mehr. Manuela war wieder da – die gehorchende und für Befehle bereite Manu war wieder geboren. Nur kurz konnte sie die Freiheit genießen.

Genau beschreiben werde ich nicht, was mir an diesem Tag angetan wurde, weil ich es nicht kann.
Warum bin ich nicht mit meinem Baby abgehauen?
Sie würden mich finden und auf der Straße mit einem

kleinen Wurm konnte ich auch nicht leben. Geld hatte ich keines. Für mich gab es nur eine Option: Blind gehorchen und genau das tat ich, jeden Tag aufs Neue.

Leider war es nur der Anfang meines neuen Martyriums.

Wie krank muss man sein?
Sex mit der Frau und dem Schwiegervater?
Oder umgekehrt? Der Vater hat Sex mit der Tochter und dem Schwiegersohn?
Ich bin mir völlig im Klaren darüber, dass es unglaublich klingt, ich weiß das genau, leider war es aber nicht anders. Es sollte leider noch viel schlimmer kommen.

Mein Mann und mein Vater fanden immer mehr Gefallen am Sex mit mir. Ein Jahr später war ich wieder schwanger. Gerald bestand immer darauf, dass mein Vater ein Kondom benutzte. Widerwillig tat er es. Es stand also fest, dass mein Mann der Vater des Kindes war. Durch die ständigen Misshandlungen verlor ich im dritten Monat das Baby. Ich musste in ein Krankenhaus.
Ruhe! Endlich Ruhe! Wie wohl fühlte ich mich in der Klinik. Wieder diese Fragen wegen meiner vielen Narben. Nichts sagte ich darüber. Ansonsten war es einfach wundervoll dort. Leider konnte ich die schöne Zeit nicht lange genießen. Nach drei Tagen konnte ich schon wieder nach Hause. Besuch bekam ich nicht.

Ich war wieder zurück in meinem Elend. Aber auf mein Söhnchen freute ich mich wie verrückt. Hoffentlich haben sich Gerald und mein Vater gut um ihn gekümmert. Gott sei Dank war der Kleine wohlauf.

Mein Mann holte mich aus der Klinik ab. Als ich ins Haus trat, saß mein Vater mit dem Kleinen auf dem Teppichboden und spielte mit ihm. Richtig liebevoll war er. Ich glaubte kaum, was ich da sah. So kannte ich ihn überhaupt nicht. An nicht eine Szene aus meiner Kindheit kann ich mich erinnern, dass er jemals mit mir gespielt hat. Vielleicht als ich noch ganz klein war und ich mich nicht mehr erinnern kann? Nein, das kann ich nicht glauben. Warum war er sonst so grausam, wenn er als Baby mit mir gespielt hätte? Das würde doch bedeuten, dass er mich geliebt hatte. Keinen Zweifel hatte ich daran, dass mein Vater mich hasste. Also gab es dieses liebevolle Spielen mit mir und ihm nie. Da war und bin ich mir ganz sicher.

Zwei Jahre später war ich wieder schwanger. Unser kleiner Sohn Christian wurde geboren. Er war Gerald wie aus dem Gesicht geschnitten.
Ich entband ihn wieder zu Hause, dieselbe Hebamme betreute mich. Auch dieses kleine Kerlchen liebte ich von ganzem Herzen. Ich versorgte liebevoll meine Kinder, mindestens dreimal in der Woche musste ich meinem Mann und meinem Vater zur Verfügung stehen. Wie ich alles durchstand, kann ich heute nicht mehr sagen. Alles ließ ich über mich ergehen. Ich wollte nur, dass es schnell vorbeigehen würde und ich nicht zur Strafe in den Keller musste. Meine Kinder brauchten mich. Während mich die Scheusale vergewaltigten, schliefen meine Mäuschen in ihren Bettchen. Es interessierte meinen Mann und meinen Vater nicht, dass sie vielleicht wach werden könnten und nach ihrer Mama verlangten.
„So lange dauert es schon nicht. Mach anständig mit, dann ist es schnell vorbei", verhöhnten sie mich. Meine Kinder brauchten mich doch aber.
Noch heute bin ich so dankbar, dass in den ganzen brutalen Jahren nie etwas mit meinen Söhnchen passiert ist.

Gerald war stolz auf seinen Sohn. Wir fuhren ihn im Kinderwagen spazieren, Stephan hielt sein Händchen am Kinderwagen und lief wortlos mit. Die süße, heile Familie.
Stephan sprach noch immer kein Wort, obwohl er schon drei Jahre alt war.

Zu seinen Enkelkindern war mein Vater ein richtig toller Opa, das muss ich sagen. Ich beobachtete ihn immer mit Argusaugen. Hatte er eines meiner Kinder im Arm, ließ ich ihn nie allein.

Bei uns zu Hause gab es plötzlich wieder einen toll geschmückten Tannenbaum und Geschenke. Sogar Kindergeburtstage wurden gefeiert. Alles, was die Kinder sich auch wünschten, schleppte mein Vater an. Mir wurde es zu viel, ich wollte mit meinem Mann darüber sprechen:

„Gerald, mein Vater verwöhnt die Kinder viel zu viel. Er kann ihnen ja Geschenke und Freude bereiten, aber findest du nicht auch, dass es jeden Rahmen sprengt?"

„Nö, lass ihn doch, dann brauchen wir kein Geld auszugeben."

„Ach Gerald, versteh mich ..." Er unterbrach mich sofort:

„Du gehst mir auf den Geist. Lass ihn doch, die Jungs freuen sich und gut ist."

Darauf sagte ich nichts mehr, ich hatte Angst, dass er wütend wird.

Den Kindern gefiel es natürlich. Ich denke aber, jedes neue Spielzeug lenkte sie von dem Grauen in unseren vier Wänden ab. Alle Kinder freuen sich über Spielzeug, doch ich glaube, bei uns hatten sie noch die Bedeutung des Verdrängens für meine Mäuse an sich.

Mein Unterleib schmerzte. Alles tat mir weh. Auf der Toilette beim Wasserlassen brannte es wie Feuer, Harndrang begleitete mich unaufhörlich. Ich schleppte mich mit

Schmerztabletten über die Tage, zum Glück ließen die Beschwerden und der ständige Druck, auf die Toilette zu müssen, nach. Eine Woche später war es ausgestanden. Die Kerle ließen mich zum Glück in Frieden. Ich denke, ich litt in dieser Zeit an einer Blasenentzündung, hätte Antibiotikum gebraucht, zumindest hätte ich zu einem Arzt gemusst. Ich traute mich aber nicht hin, wegen so einer Kleinigkeit muss man schließlich nicht gleich zum Doktor rennen. Was soll er denn denken, wenn ich ihn wegen so einer Lappalie nerve? Wie falsch meine Gedanken nur waren.

Seit dem letzten Wochenende hörte ich meinen Mann und meinen Vater oben in den Räumen oft hämmern, bohren und werkeln. Ich dachte mir nichts Schlimmes dabei. Vaters Räume waren alt, vielleicht erneuerten sie irgendetwas.

Eines Abends, es war ein Samstag, ich weiß es noch, als wäre es gestern gewesen, sagte Gerald zu mir:
„Komm mal mit hoch, ich habe eine Überraschung für dich."
„Was denn? Nein, ich will nicht zu meinem Vater."
Er packte mich fest am Arm: „Komm schon!"
Die Kinder schliefen bereits. Gerald hielt mir die Augen zu, er nahm seine Hand erst weg, als wir am Ziel ankamen. Fassungslos stand ich in einem Raum. Die beiden Männer hatten ein „Spielzimmer" eingerichtet.
Nein, natürlich nicht für Kinder. Hier gab es alles, was man sich an Perversion vorstellen konnte. Die Hauptrolle in diesem Schreckensraum sollte natürlich ich spielen. Es gab sogar diesen fürchterlichen Höllenstuhl. Ich denke, näher beschreiben muss ich ihn nicht. Jeder wird sich denken können, was ich meine. Selbst wenn ich wollte, ich kann es nicht wiedergeben, es war zu schrecklich.
Schön ordentlich aufgereiht sah ich Dildos in allen Größen, Dessous, Fesseln, Halsbänder und Masken, kleine Metallklammern und vieles mehr. Hier musste ich raus, wollte schnell wegrennen. Gerald hielt mich fest.
„Lass uns doch schon ein bisschen ausprobieren."

„Nein, die Kinder …"
„Die schlafen", schon riss er mir die Klamotten vom Leib, schob mich auf eine Liege. Dort befestigt waren Fesseln für die Füße und die Handgelenke. Ich wollte aufspringen, schon stand mein Vater vor mir. Den hatte ich noch gar nicht wahrgenommen, so sehr stand ich bei dem Gesehenen unter Schock. Mein eigener Vater hielt mich fest, während mich mein Mann an die Liege fesselte. Ich war ihnen völlig ausgeliefert, konnte mich nicht mehr bewegen. Durfte ich allerdings auch nicht, die Verbote meines Vaters waren von klein auf immer präsent. Dildos wurden ausprobiert, bis sie sich so aufgeg … hatten und über mich herfielen. Mein Vater biss andauernd in meine Brustwarzen, bis sie bluteten. Sie waren wie Tiere – ALLE BEIDE!!!

Ein paar Wochen später kaufte mein Vater eine Videokamera und filmte, was mir angetan wurde. War er mit mir „beschäftigt", filmte Gerald die Grausamkeiten. Je schlimmer die Erniedrigungen waren, desto wohler fühlten sie sich.
Mein Mann war dann so gnädig, wenn ich nicht mehr konnte, kümmerte er sich um die Kinder, wenn sie weinten. Natürlich erst, wenn die Monster mit mir fertig waren. So lange mussten meine Kinder eben weinen, wenn sie wach wurden und ich nicht gleich bei ihnen sein konnte.
Ich funktionierte nur noch, eine eigene Meinung hatte ich nie und werde auch nie eine haben können. Ich gehorchte

blind, das war meine Bestimmung, seit ich richtig denken konnte.

Wir saßen mit den Kindern im Garten, der stolze Opa war auch dabei. Es fielen die Worte, die ich schon von früher kannte, nur dieses Mal saß mein Mann neben mir, der mich doch eigentlich schützen sollte:
„Heute Abend bekommen wir Besuch, und du bist wie früher. Du bedienst uns und führst das aus, was wir von dir verlangen", befahl mir mein Vater ohne Umschweife. Gerald saß neben ihm und grinste.
„Nein … das lässt du nicht zu …", flehend sah ich meinen Mann an.
„Das ist doch nicht schlimm, du kennst es doch. Stell dich doch nicht immer so an. Was ist denn an Sex schlimm?" Fies lachte dieser Unmensch mich an. Ich glaubte kaum, was ich hörte.

Stephan war mittlerweile vier Jahre alt und Christian ein Jahr.

Eine Stunde, bevor unsere „Gäste" eintrafen, zog ich mich um. Als ich ins Wohnzimmer kam, sah mich Gerald ungläubig an: „So willst du Gäste empfangen?"
„Warum nicht?" Ich trug eine Jeans und ein T-Shirt. Ob diese Typen meine blauen Flecken und Wunden sehen würden, war mir gleichgültig.
„Nee nee, so läufst du heute Abend nicht herum. Sofort gehst du und ziehst dir etwas richtig Heißes an."
„Denk doch mal an die Kinder", versuchte ich, ihn zur

Vernunft zu bringen.
„Ach was, die Kinder. Die bringst du in Dessous ins Bett und gut ist. Die wissen das doch sowieso noch nicht.”
Wieder gehorchte ich blind.

Von diesem Abend an musste ich die Kerle in Dessous empfangen, sie bedienen, während sie mich betatschen durften. Meine kleinen Kinder waren ebenfalls im Wohnzimmer. Der Kleine krabbelte auf dem Boden, Stephan spielte mit einem Auto in der Hand mit dem Gesicht zur Wand. Davon gibt es heute noch ein Foto.
Kinder spielten, während ihre Mama in Dessous gierige Kerle bedienen musste. Es war jedesmal ein Gang für mich wie zu einer Schlachtbank.

Ich brachte meine Mäuse in ihre Betten. Keiner der beiden gab einen Laut von sich. Als ich ihnen ein Gute-Nacht-Küsschen gab, wollten sie mich gar nicht loslassen.
„Mama ist bald wieder da, wir sind nur im Wohnzimmer”, versuchte ich zu lächeln.
Als ich zurück bei der gierigen Meute war, ging es ins „Spielzimmer.” Hier musste ich erst für schreckliche Fotos in entwürdigenden Posen zur Verfügung stehen. So brachten sich diese Idioten richtig in Stimmung. Danach wurde gelost, wer mich zuerst misshandeln darf. Waren zwei mit mir fertig, konnte sich niemand mehr zurückhalten. Fast gleichzeitig fielen sie sexbrünstig über mich her.

Gehorchte ich nicht, bezog ich schreckliche Prügel. In den Keller konnten sie mich nicht mehr einsperren, ich musste mich um die Kinder kümmern. Egal, welche Schmerzen ich auch ertragen musste, für meine Kinder versuchte ich immer, da zu sein und mir nichts anmerken zu lassen.

Zu diesem Zeitpunkt war ich zweiundzwanzig Jahre alt. Die Fotos, die von mir gemacht wurden, stellte Gerald in der ganzen Wohnung auf, außer im Kinderzimmer. Jeder konnte mich in den entwürdigendsten Stellungen sehen. Wegnehmen durfte ich sie nicht, es war ihm völlig egal, dass auch unsere Kinder diese schrecklichen Aufnahmen sahen.
„Die können doch damit sowieso noch nichts anfangen."
Somit war der Fall für ihn erledigt.

Samstagabend, der Horror begann. Ich wurde nach dem Bedienen, Posieren für Fotos und Betatschen in das Zimmer meines Martyriums geführt. Hier sollte ich etwas Komisches anlegen. Vier dieser Monster standen um mich herum und freuten sich schon auf ihr „Spiel." Es war ein kleiner Gürtel mit einem roten Ball. Was war das? Ich wusste nichts damit anzufangen.
„Du bist aber auch zu dämlich", lachte Gerald, als ich ihn fragend mit dem Ding in der Hand ansah. Er schnallte es mir am Kopf fest, der rote Ball in meinem Mund erwies sich als Knebel. Es schmerzte so sehr, Speichel lief mir die

Mundwinkel hinab:
„Du kannst jetzt nicht mehr schreien, selbst wenn du wolltest. Wir meinen es nur gut, nicht dass dich die Kinder hören.“ Gelächter von allen Seiten.
Ich schrie doch schon fast nicht mehr, nur wenn es kaum auszuhalten war. Was hatten sie vor? Angst und Panik beherrschten mich sofort. Meine Augen wurden immer größer vor Entsetzen, als sie mich auf den Stuhl schnallten.
An dieser Stelle möchte ich nichts beschreiben. Jeder Schrei wurde durch den Knebel erstickt und ich selbst auch fast. Man muss nur ruhig durch die Nase atmen. Das kann man vielleicht, wenn man nicht unerträgliche Schmerzen erleiden muss. Stunden später wurde ich in mein Bett getragen. Ich hatte das Bewusstsein verloren. Als ich aufwachte, saß Gerald an meinem Bett und legte mir einen kalten Lappen auf meine Stirn. Den Mut, ihn abzuwehren, hatte ich nicht.
Wie weit würden sie noch gehen?
Wollten sie mich zu Tode missbrauchen?
Nie wieder, selbst wenn es funktionieren würde, könnte ich ein Baby stillen. Meine Brustwarzen waren kaputt.

Wenn die Qualen nicht mehr zu ertragen waren, fiel ich in Ohnmacht. Auf meine Blumenwiese gelangte ich nicht mehr sehr oft. Die erlösende Schwärze holte mich öfter ein als die Dissoziation. Es kam sogar oft vor, wenn ich wieder aus der Ohnmacht erwachte, die leider nie lange andauerte, sahen die Kerle auf mich herab, grinsten: „Da bist du ja wieder, du kleines, geiles Stück" und der „Spaß" ging weiter.

Einmal schrieb ich in meiner Not einen Brief an meine Mama:

Mama, ich sehe dich nicht mehr.
Mama, weißt du noch, damals an jenem Tag, als du von mir gegangen bist?
Da hast du gesagt, ich soll immer mein Bestes geben und durchhalten, egal was kommt.
Ja, Mama, ich hielt durch, bis heute.
Doch Mama, sag mir, wozu denn noch?
Mama, ich kann schon lange nicht mehr.
Bitte versteh mich doch.
Niemand weiß, wie es mir geht.
Nur dir kann ich es sagen, aber du kannst mich nicht hören.
Ich sehe hinauf ins Sternenmeer
und sehe dich nicht mehr.

Bitte, bitte, bitte komm zurück,
hol mich aus meinem Elend heraus
und nimm mich mit zu dir.

In ewiger Liebe
deine Manuela

Ich begann, mir alle möglichen, frei verkäuflichen Schmerz- und Schlaftabletten zu kaufen. Fünfzehn Stück schluckte ich mindestens am Tag. Nicht einmal war ich müde davon oder gar schmerzfrei. Dafür waren meine Anspannung und Angst viel zu groß. Um meine Schmerzen zu lindern, halfen sie nur ein ganz klein wenig nach dem Horror.
Bei den Orgien der Gewalt und Perversion zeigten sie leider keinerlei Wirkung. Dafür waren die Bestien zu brutal.

Einmal bot mir Gerald an:
„Manu, ich kann dir auch Drogen besorgen. Dann kannst du besser mitmachen, weil du keine Schmerzen hast." Mit Tränen in den Augen sah ich meinen Mann an:
„Nein, ich will keine Drogen … Warum fügt ihr mir denn solche Schmerzen zu? Lasst es doch einfach. Geht in ein SM-Studio und lebt eure kranke Lust aus."
Ich hatte die Worte kaum ausgesprochen, hatte ich schon eine schallende Ohrfeige im Gesicht.
„Weißt du, was das kostet? Wir haben doch hier alles, was wir brauchen."
Wie kaltschnäuzig mein Mann doch war.
Ja, sie hatten hier alles, was sie brauchten. Und mich williges Stück gleich dazu.
Aber Drogen – nie und nimmer. Ich wollte keine Junkie-Mama sein.

Ich ertrug, funktionierte und lebte für meine Kinder. Sie brauchten mich doch. Ich wurde leider immer wieder in meine Gedankenwelt katapultiert, sodass ich die kleinen Schätzchen manchmal beim Spielen vergaß. Die Grausamkeiten und die schrecklichen Perversionen holten mich wieder und wieder ein. Ich schaltete oft komplett ab.

Die nächsten zwei Jahre zogen sich hin.
Wieder zwei Jahre voller Qual und Perversion.

Heute war mein vierundzwanzigster Geburtstag. Mein Geschenk wusste ich schon – ich war im siebten Monat schwanger. Trotz des Horrors freute ich mich auf das kleine Würmchen. Ich zog meine Kinder an und ging am Nachmittag zu meiner Oma. Gerald war noch arbeiten.
Wir tranken gemeinsam Kaffee und spielten mit den Kindern. Plötzlich griff sich meine Oma an ihre Schläfen: „Oh Gott, was ist denn jetzt mit mir? Mir ist so schwindelig und mein Kopf platzt gleich." Schnell wollte ich sie zum Sofa bringen, doch bevor ich sie greifen konnte, kippte sie vom Stuhl und verlor das Bewusstsein.
Sofort rief ich den Notarzt. Gerald kam gleich, als ich ihn anrief und nahm meine weinenden Kinder mit. Die kleinen Mäuse begriffen noch gar nicht, was da gerade passierte. Unbedingt wollte ich mit Oma fahren. Sie erlitt einen schweren Schlaganfall.
Trotz der zeitnahen Reha erholte sie sich nie wieder davon. Als meine liebe Oma wieder zu Hause war, konnte sie nichts mehr selbst. Einen Pflegedienst haben wir nie beauftragt. Ich wollte selbst für sie da sein, wusch, fütterte sie liebevoll und versorgte ihren kleinen Haushalt.
Von ihrem Arzt erfuhr ich, dass es bis zu ihrem ewigen Abschied nicht mehr langen dauern sollte, ihr Herz war einfach zu schwach.
Acht Wochen später brauchte meine Oma ein Sauerstoffgerät rund um die Uhr.
Ich versorgte zu Hause den Haushalt und meine Kinder,

jetzt pflegte ich meine Oma und dann stand ich für perverse Sexspiele bereit. War ich am Limit? Definitiv ja, aber ich verdrängte es.

Der Arzt hatte recht, vier Monate später ist meine Oma in meinem Arm für immer eingeschlafen. Ganz friedlich und still ging sie von mir.

Ihr Tod tat mir so schrecklich weh. War meine Oma doch die Einzige, die mir immer ein kleines bisschen Halt gab. Sie war es, die mir das Kochen beibrachte, immer ein liebes Wort für mich hatte, mich in ihre Arme nahm und mit mir spielte.

Jetzt war auch dieses Band zerrissen. Ich bin trotzdem unendlich dankbar, dass ich in diesem Moment bei ihr sein durfte und sie nicht allein von dieser Welt gehen musste. Bald wird sie bei meiner Mama sein, da war ich mir ganz sicher.

„Bitte … passt endlich auf mich auf, ja?", betete ich jeden Abend in den Himmel: „Ich brauche euch so sehr."

Mein Vater und Gerald wollten mir verbieten, zu ihrer Trauerfeier zu gehen: „Schwanger darf man nicht zu einer Beerdigung, das bringt Unglück."

Mir war egal, was sie redeten, sollten sie mich doch totprügeln. Den Abschied von meiner Oma ließ ich mir nicht nehmen, war er mir doch bei meiner Mama schon verboten worden.

Schwanger soll man nicht zur Beerdigung gehen, aber vergewaltigen lassen darf man sich. Logik von Bestien.

Das Grab meiner Oma war geschmückt mit roten Rosen, diese Blumen liebte sie und so organisierte ich, dass jeder Trauergast Gestecke oder Sträuße aus roten Rosen für meine Oma hatte. Es sah wunderschön aus. Ich weinte Sturzbäche an Tränen. Sie fehlte mir jetzt schon unglaublich. Nach dem Kaffeetrinken ging ich mit meinen Kindern zum Grab und erklärte ihnen alles genau. Sie verstanden, dass ihre Uroma jetzt im Himmel wohnte und von oben auf sie aufpasste.

Christian flüsterte: „Omi, pass auf Mama auf, ja?"

Um Gottes willen, der kleine Schatz bat um Schutz für mich?

Oh mein Gott, wie blöd war ich nur?

Meine Schwangerschaft schritt weiter voran, zum Glück ließen jetzt die Kerle die Finger von mir. In den Anfangsphasen meiner Schwangerschaften ließen sie nicht von mir ab, aber im letzten Drittel wollten sie nicht riskieren, dass etwas Schlimmes mit dem Baby passieren könnte.
Ich kann ihre kranken Gedanken nicht im Geringsten nachvollziehen, möchte ich nicht können.

Unser kleiner, süßer Aaron wurde auch wieder zu Hause geboren. Ich war so glücklich, als ich ihn im Arm hielt. Auch ihm werde ich all meine Liebe geben, die ich nur habe.
Der Kleine war acht Wochen alt, als mein Martyrium wieder begann. Die fremden Kerle waren noch nicht zugegen, weil das Baby ja weinen könnte und sie nicht genug Zeit hätten. Mein Vater und mein Mann ließen sich ihren Spaß aber nicht nehmen. Es waren jetzt nicht mehr lange Orgien, aber um mich immer weiter zu brechen, reichte es.

Während dieser Zeit klagte mein Vater immer öfter über Herzstolpern und Atemprobleme. Er bekam Medikamente, die er jedoch zu Hause verweigerte. In ein Krankenhaus wollte er ebenfalls nicht.
Interessierte mich das? Nein, ganz und gar nicht. Er soff und rauchte weiter, missbrauchte mich. Aber das Karma schlug zurück. Sein Lebenswandel forderte seinen Tribut. Mein Vater wurde schwer herzkrank, musste Sauerstoff bekommen und das Bett hüten. Sobald er aufstand, bekam er kaum Luft. Die geringste Anstrengung war ihm nicht mehr möglich. Trotzdem hatte er noch unfassbare Macht über mich.
Er fasste mich nicht mehr an, trotzdem hatte ich unglaubliche Angst vor ihm und er wusste es ganz genau. Die extreme Furcht vor ihm war allgegenwärtig. Das Einzige, was er zuließ, war der Sauerstoff. Vor dem Ersticken hatte er scheinbar panische Angst. Bei mir war ihm das völlig egal. Wie oft war ich dem Erstickungstod nahe? Unzählige Male durch seine Hand und später durch seine UND Geralds Pranke.
Was tat ich im Endeffekt? Ich pflegte dieses Monster, weil es von mir erwartet wurde.
Ich ekelte mich so sehr vor diesem Scheusal. Trotzdem musste ich tun, was verlangt wurde, wenn ich keine Prügel von Gerald bekommen wollte.
Ich versorgte den Haushalt, fütterte und wusch ihn. Sein Blick war so grausam, mir lief es jedes Mal eiskalt den

Rücken hinunter.
Ihm bereitete es großen Spaß, wenn er gerade frisch gewaschen war, seinen Stuhlgang im Bett zu hinterlassen, bevor ich ihm die Windel umlegte. Artig beseitigte ich alles, ich verlor keinen Ton darüber. Brechreiz musste ich unterdrücken, ich war diesen Anblick und Gestank eigentlich gewöhnt. Nein, das stimmt nicht – man gewöhnt sich nie an Perversionen, wenn man dazu gezwungen wird. Wer es selbst möchte, bitteschön, das verurteile ich nicht, aber BITTE zwingen Sie niemanden dazu. Ich flehe Sie an, bitte tun Sie das nie.

Meine Kinder gingen ihren Opa jeden Tag an seinem Bett besuchen. Christian sprach nicht bei ihm, aber Stephan erzählte mit seinem Opa und streichelte seine Hände.
Zum Glück dauerte es nur noch neun Wochen, bis er verstarb.
Es ging tatsächlich rasend schnell mit ihm bergab. Vielleicht hätten die Medikamente ihn länger am Leben gelassen, es war mir gleichgültig.
Endlich war dieses Scheusal aus meinem Leben verschwunden.
Jeder im Ort dachte, ich müsste jetzt um meinen geliebten Papa in Trauer versinken. Nein, ich hätte vor Glück die ganze Welt umarmen können.
Beigesetzt wurde er in einem Einzelgrab, welches ich kaufte. Viel Geld hatte er nicht hinterlassen. Es reichte

gerade so, um die Bestattungskosten zahlen zu können. Niemals hätte ich ihn mit in dem Grab meiner Mama beerdigen lassen. Ich bin mir ganz sicher, dass sie dieses grausame Scheusal nicht bei sich haben wollte. Sollten die Leute reden, was sie wollten. Es war mir gleichgültig.
Meine Geschwister sind nicht zur Beerdigung erschienen.
Wir haben bis heute keinen Kontakt.
Liegt es an mir?
Ekeln sie sich vor mir?
Ich kann es nicht beantworten.

Endlich war ich eine Bestie los.
Ich war jedoch nie frei von meinem Vater.

Meine Söhnchen schliefen schon, ich saß im Wohnzimmer und schaute ins Leere. Gerald war gerade in der Badewanne. Ich vernahm ein leises Rascheln, schaute mich um, da war nichts. Dann hörte ich ein Flüstern: „Manuela ... Manuela ...", uuuuuuh mich gruselte es.
Wieder schaute ich mich um, vor dem Fernseher stand mein Vater. Nein ich schlief nicht und träumte schlecht, er stand real vor mir. Ich war völlig versteinert vor Angst, bis er wieder verschwand.
Von dem Tag an erschien er mir immer wieder.
Einmal saß er auf dem Sofa, als ich ins Wohnzimmer kam. Gerald war noch auf Arbeit, meine Kinder in der Kita. Ganz fest presste ich mich an die Wohnzimmerwand, zu keiner Bewegung war ich fähig. Was ging hier vor sich? Das geht nicht, er ist tot. Tot! Tot! Tot. Mein Vater sprach mich an, als wäre er real da: „Du gehörst nur mir! Komm zu mir! Es geht ganz schnell, du brauchst nur Mut und wir sind wieder für immer zusammen."
Immer und immer wieder war er da. Einmal nahm ich all meinen Mut zusammen, raste auf ihn zu und schlug und schlug und schlug rasend auf meinen Vater ein. In diesem Moment kam Gerald von Arbeit, ich muss geschrien haben. Er schlug mir sofort ins Gesicht:
„Drehst du jetzt völlig durch? Was machst du denn?"
„Mein Vater sitzt da."
Gerald lachte, holte seine Kamera und filmte mich, während ich außer mir vor Panik auf einen Geist einschlug.

Hätte er nicht für mich da sein sollen?
Mich auffangen müssen?
Zu dieser Zeit war ich seelisch schon so schwer krank, doch immer noch war ich in meinem Tunnel aus Elend, Schmerz und Angst, dass ich nicht wahrnehmen konnte, was wirklich mit mir los war.
Meine Kinder hatten meine uneingeschränkte Liebe. Alles, was mir möglich war, tat ich für sie. An den Wochenenden musste ich diese Orgien über mich ergehen lassen, nun ohne meinen Vater.
Es war so weit gekommen, dass meine Kinder anfingen zu weinen, wenn Männer zu uns kamen. Meine armen, armen Mäuse. Wie konnte ich diesen Schrecken, dieses Entsetzen und die Gräuel nur zulassen?

Stephan war sechs Jahre, Christian drei und Aaron war vier Monate alt.
Gerald war mittlerweile fast jeden Abend betrunken. Er betatschte mich, schlug mich, wenn ihm danach war und holte weiter Männer ins Haus. Ich begehrte aber immer mehr auf.

Meine Kinder bekamen natürlich diesen Wahnsinn immer wieder mit, leider weiß ich das erst heute. Damals nahm ich es nicht wahr – LEIDER!!!
Ich war so mit mir beschäftigt, diesen Horror irgendwie zu überleben und für meine Mäuschen da zu sein, dass ich nicht wahrnahm, was in meinen Lieblingen alles vorging

und was sie anhören mussten. Alles, was ich konnte, tat ich für sie. Jeden Wunsch las ich ihnen von den Augen ab. Meine ganze Seele konnte ich ihnen nicht geben, sie war zerrüttet und völlig gebrochen worden. Gerald konnte nicht viel mit seinen Kindern anfangen. Ihm war schnell alles zu viel.

Seit Jahren schluckte ich alles an Tabletten, was es gab. Ich bemerkte, dass mein Körper immer mehr davon verlangte. Hatte ich nicht viel Geld über, begannen meine Hände zu zittern, mein Herz raste ununterbrochen. Jedes Mal vor und nach den Übergriffen brauchte ich Tabletten, um überhaupt einigermaßen denken zu können und wenigstens, wenn auch minimal, meine Schmerzen etwas einzudämmen. An Pflastern und Mullbinden gab mein Vater fast ein Vermögen für mich aus.
Von den Tabletten bin ich abhängig geworden. Diese Gewissheit traf mich sehr hart, war ich doch selbst schuld. Ich schluckte die Pillen völlig unkontrolliert, es musste ja in eine Sucht führen. Ich nahm mir fest vor, davon loszukommen.

An einem Morgen stand ich morgens auf mit dem Gefühl, mein Leben ändern zu wollen. So durfte es nicht mehr weitergehen. Als Erstes nahm ich alle Tabletten und warf sie in den Mülleimer.
'Ich brauche die Dinger einfach nicht mehr', redete ich mir mutig ein. Von nun an kreisten meine Gedanken ständig um diese Pillen. Sollte ich mir schnell neue kaufen? Ich überlegte hin und her. Auf dem Spaziergang mit meinen Kindern kam ich an einer Apotheke vorbei. Ich rang mit mir – nur ein paar Schritte, Tabletten kaufen und mein Herzrasen und meine zitternden Hände würden vergehen. Nein, ich wollte nicht mehr. Ich zwang mich, weiterzugehen. Nein,

ich wollte keine Tabletten mehr nehmen.
Wenn Stephan sich mit seinen kleinen Ärmchen an mich drückte, Christian mit seinen süßen Lachen mein Herz erwärmte, Aaron vor sich hin gluckste, wusste ich, wofür ich lebte und für meine Kinder wollte ich die Kraft des Entzuges aufbringen, ohne ärztliche Hilfe. Es war die Hölle, aber ich habe es geschafft.
Lieber wollte ich leiden, als von irgendwelchen Pillen abhängig zu sein. Meine Kinder hatten keine Suchtmama verdient. Sie hatten es schon schwer genug.

Ich MUSSTE mein Leben ändern.

Es war ein kalter und sehr stürmischer Winterabend, draußen tobte ein Schneesturm. Ich hörte den Wind heulen und dachte mit Grausen an die Menschen, die jetzt raus mussten.
Morgen wollten wieder Bestien zu uns kommen, hoffentlich war das Wetter noch genauso schlecht. Ich wünschte mir so sehr, dass sie wegen der schlechten Sicht alle gegen einen Baum fuhren und somit ins Jenseits befördert würden. Jedem Einzelnen von den Typen sollte das passieren.

Meine Kinder schliefen, Gerald war schon ziemlich betrunken. Er wollte sich den Sex mit mir wieder einmal mit Gewalt nehmen. Ich wollte nicht mehr, dass er über meinen Körper bestimmte.
„Wenn die anderen aber morgen Abend kommen, reißt du dich zusammen und gehorchst. Und nachher spielen wir ein bisschen."
Mit dem Mut meiner Verzweiflung warf ich ihm entgegen: „Nein, gar nichts werde ich! Es ist Schluss damit! Ich kann und will nicht mehr!" Dieses verdammte Zittern meiner Stimme und meines Körpers.
Erst sah mich Gerald verdutzt an, dann sprang er auf und schlug auf mich ein. Ich spürte keine Schmerzen und schrie auch nicht, ganz im Gegenteil: Zum ersten Mal in meinem Leben wehrte ich mich und schlug zurück. Ich hatte keine Chance gegen ihn. Doch die Worte, die er dann sprach, ließen in mir Kräfte wachsen, die ich nie für möglich gehalten

hätte:
„Wenn du nicht willst, nehme ich Stephan", polterte er mich herzlos an. Er prügelte mich nicht mehr, sondern sah mich hämisch an.
„Wie meinst du das?", fragte ich schockiert, ich ahnte Schreckliches.
„Na, du hast es doch als Kind auch gekonnt, dann kann Stephan es auch. Er ist doch alt genug."
Es dauerte eine ganze Weile, bis diese Sätze mit voller Wucht in mein Bewusstsein drangen. Er wollte meinen ältesten Sohn missbrauchen und vergewaltigen lassen? Nur über meine Leiche!!! Was für ein Schwein!!!
Jetzt wurde ich zum Tier. Ich kämpfte wie eine Löwin um meine Kinder.
Bevor ich reagieren konnte, rannte Gerald ins Kinderzimmer und riss meinen kleinen, süßen Stephan aus dem Bett. Der Kleine schrie sofort los und weinte bitterlich. Das kleine Kerlchen war völlig panisch. Er streckte seine Ärmchen nach mir aus: „Mama … Mama."
Mir gelang es, den Kleinen aus Geralds Arm zu reißen und zurück in sein Bett zu setzen. Mein kleiner Sohn und mein Baby wurden von dem Geschrei wach und stimmten mit in das Weinen ihres großen Bruders ein. Sie waren so verängstigt, meine armen kleinen Mäuse.
„Du fasst meine Kinder nicht an!", schrie ich. Ich musste irgendwie in die Küche kommen. Er versperrte mir aber die Tür, sodass ich nicht raus kam. Neben mir stand der

Schrank mit einem Bilderrahmen darauf. Diesen griff ich und schlug ihn gegen Geralds Kopf. Ich hatte vor Angst kaum Kraft, aber der Schockmoment war auf meiner Seite. Schnell rief ich den Kindern zu: „Schließt euer Zimmer ab, bis ich etwas anderes sage!" Stephan tat sofort, was ich verlangte.

Schnell erholte sich Gerald und wollte wieder auf mich einprügeln. Ich war aber schon in der Küche und griff nach einem Messer aus der Besteckschublade.

„Du kommst keinen Schritt näher", schrie ich ihn an.

Er lachte nur: „Als ob du mich abstechen könntest."

„Lass es darauf ankommen." Meine Hand zitterte, aber ich bin mir heute noch sicher, dass ich zugestochen hätte, wäre er auf mich losgegangen.

„Lass mich sofort in Ruhe!"

Gerald hob beide Hände: „Ist ja gut, beruhige dich, ich tue dir nichts."

Vorsichtig ging ich mit dem Messer an ihm vorbei, ich wollte nur noch raus hier, aber niemals ohne meine Kinder. Wir hatten alle nur Schlafanzüge an, egal, wir mussten hier weg. Niemand würde meine Engelchen anfassen. Vielleicht wäre Stephan nur der Erste gewesen, in ein paar Jahren dann die anderen zwei. Selbstverständlich legte ich das Messer weg, als ich Stephan zurief, er sollte die Zimmertür öffnen. Gerald registrierte es sofort und stürzte sich auf mich. Gerade noch konnte ich den Kerzenständer vom Tisch greifen und ihm den an die Schläfe schlagen. Er ging

zu Boden und schrie: „Was hast du gemacht! Au … du Schlampe, ich bringe dich um."
Mir war egal, was er sagte. Momentan konnte er nicht viel tun, er blutete und scheinbar schmerzte seine Wunde, gerade versuchte er, sich vom Boden aufzurappeln. Ich musste schneller sein.
„Ruf einen Arzt, mir ist total schwindelig", befahl er mir, während seine Beine wieder wegsackten.
Ach, der Ärmste.
Diese Gelegenheit musste ich schnell nutzen.
Bevor er wieder richtig bei sich war, musste ich hier raus sein.
„Stephan … Schatz, nimm das Baby aus dem Bettchen, Christian nimm meine Hand." Ich konnte nur noch schnell eine Decke nehmen, um mein Würmchen einzuwickeln und schrie: „Raus hier, schnell!"
Endlich waren wir auf der Straße. Es stürmte und schneite immer noch. In der Hast hatte ich keine Jacken und Mützen mitnehmen können. Wir trugen nur Hausschuhe und Schlafanzüge.
Meine Mäuse froren erbärmlich, mir brach es fast das Herz. Ich hatte solche Angst, Zeit zu verlieren, um noch mehr mitzunehmen. Als wir aus dem Haus rannten, hatte sich Gerald wieder etwas erholt und wollte uns daran hindern. Aus diesem Grund konnte ich nichts weiter für meine Kinder greifen. Wir mussten nur so schnell wie möglich hier raus. Nur noch weg.

Ich wollte zum Frauenhaus. Es war mitten in der Nacht und wir mussten ungefähr eine Stunde durch dieses erbarmungslose, kalte und stürmische Wetter laufen. Ich klingelte und hämmerte wie besessen an der Tür, endlich wurde geöffnet.
Eine Dame stand vor uns:
„Um Himmels willen, kommen Sie rein. Oh Gott …"
Ich war so unendlich dankbar für diese Worte.
„Kommt, Schätzchen, wir haben es geschafft, jetzt wird euch gleich warm werden."
Meine Kinder bekamen sofort trockene Sachen und wurden in Decken eingewickelt.
Wir waren in Sicherheit. Eine andere nette Frau brachte jedem von uns eine warme Suppe und Tee sowie Milch für mein Baby. Innerlich zur Ruhe sind wir leider nicht gekommen. Wir bekamen jeder ein Bett, brauchten aber nur eins. Ich kuschelte mich mit meinen Kindern die ganze Nacht zusammen und streichelte sie unaufhörlich:
„Ihr habt das toll gemacht. Ich liebe euch so sehr …"
„Mama, gehen wir nicht mehr zum Papa? Ich möchte da nicht mehr hin …"
„Nein, nie wieder, aber vermisst du denn deinen Papa nicht?"
„Nein … er ist böse."
Stephan hatte so große Angst, Christian genauso, aber bei meinem Ältesten konnte man die Panik fast ertasten, so groß war sie.

Gerald konnte nie etwas mit Stephan anfangen, ich würde sogar sagen, er liebte ihn nicht, weil er anders war. Er war geistig zurückgeblieben, weil er durch Inzest entstanden ist. Gerald wusste es natürlich nicht. Trotzdem konnte der Kleine doch am wenigsten dafür. Er dachte, es wäre sein Sohn, warum konnte er ihn nicht lieben? Im Gegenteil, er wollte ihm noch so etwas Schreckliches antun?
Jetzt sollte es endlich ein Ende finden. Ich wollte nicht mehr sein Spielzeug für Sadismus und endlich eine Mama zu eintausend Prozent sein.

Am nächsten Morgen wurde uns das Haus gezeigt, die anderen Bewohnerinnen stellten sich uns vor. Sie waren alle so warmherzig zu uns. Andere Kinder nahmen meine Kleinen mit in ein Zimmer zum Spielen. Hier konnten meine Mäuschen abschalten. Sie verloren sich im Spiel mit den anderen Kindern. Es tat mir so gut, es mit ansehen zu dürfen.

Hier im Frauenhaus gab es einen Aufenthaltsraum für alle, ein Zimmer für die Kinder zum Spielen, eine Gemeinschaftsküche und einen Raum nur für uns vier. Gegessen wurde immer gemeinsam und es bestand ein Putzplan. Hatte eine der Frauen etwas zu erledigen, übernahmen die anderen die Aufsicht der Kinder.
Hier lernte ich, was es bedeutet, so wunderbar zusammenzuhalten und füreinander da zu sein.

Ich war so unendlich dankbar für die Hilfe, die wir jetzt bekamen.

Am nächsten Tag begleiteten mich eine Mitarbeiterin des Frauenhauses und ein Polizist nach Hause, um Sachen für mich und meine Kinder zu holen. Auch Spielzeug wollte ich mitnehmen. Doch bevor ich irgendetwas einpackte, raste ich durch unsere Zimmer und zerschlug die eingerahmten, schrecklichen Fotos von mir. Gerald saß auf dem Sofa und sagte kein Wort. Sein Auge ist blau geworden und eine blutverkrustete Wunde hatte er am Kopf. Dem Polizisten hatte ich schon davon erzählt. Er versicherte mir aber, dass ich mir keine Gedanken machen solle, es war eindeutig Notwehr. Als ich alles gepackt hatte, wollte ich auch seine Aufnahmen.
„Wo sind die Filme?"
„Was willst du? Was denn für Filme?"
„Die von mir, du weißt genau, was ich meine", mehr dazu zu sagen traute ich mich vor dem Beamten und der Frau nicht. Die Scham war viel zu groß. Mein Körper und meine Stimme bebten vor Angst, Gerald spürte es ganz genau. Trotzdem blieb ich beharrlich.
„Ich kann auch den Polizisten bitten, sie zu suchen."
„Hat er einen Durchsuchungsbeschluss?"
Das war's. Natürlich hatte der Beamte so etwas nicht. Völlig gegen meine Erwartung stand Gerald auf und holte die Kiste mit den Aufnahmen. Damit hatte ich nicht mehr

gerechnet. Ich wusste, dass es so einige von mir gab, aber so viele?
Sechsunddreißig Filme je vier Stunden existierten von mir in allen entwürdigenden und schmerzvollen Szenen. Dann gab er mir noch vier Videokassetten, worauf das Wort „Kinder" stand. Über die Aufnahmen von meinen Mäusen freute ich mich. Die anderen wollte ich vernichten. Klar schoss mir durch den Kopf, ob diese fürchterlichen Aufnahmen nicht schon von Gerald und meinem Vater vervielfältigt wurden. In diesem Moment war mir alles egal. Ich wollte nur noch in Sicherheit mit meinen kleinen Engelchen sein.
Die Mitarbeiterin vom Frauenhaus war immer an meiner Seite, der Polizist war jederzeit zum Eingreifen bereit. Endlich hatte ich alles, jetzt nur noch weg.

Die eisige Nacht, durch die wir so lange laufen mussten, forderte ihren Tribut. Wir bekamen alle vier eine Lungenentzündung. Sofort wurde ein Arzt gerufen, wir erhielten Antibiotika in Tablettenform, mein kleiner Aaron bekam eine Injektion, die zehn Tage lang wiederholt werden musste. Ich wurde jeden Tag mit dem kleinen Schatz zum Arzt gebracht. So ein Kümmern um uns war ich absolut nicht gewöhnt, ich bestand nur noch aus schlechtem Gewissen:
„Es tut mir so leid, dass wir Ihnen solche Umstände bereiten …", versuchte ich, mich zu entschuldigen, wurde aber

sogleich unterbrochen:
„Machen Sie sich bitte darüber keine Gedanken. Dafür sind wir da, wir helfen Ihnen so lange, wie Sie unsere Hilfe brauchen."

Ich durfte als Kind nie in den Kindergarten gehen. Für meine Mäuse wollte ich, dass sie mit anderen Kindern spielen und lernen konnten, nicht nur hier im Frauenhaus. Acht Wochen später gingen sie wieder in ihre Kindertagesstätte. Es freute mich, dass sie wenigstens nicht aus dieser Gewohnheit herausgerissen werden mussten und mit ihren kleinen Freunden spielen konnten. Leider wurde ich jetzt täglich von der Leiterin des Kindergartens angesprochen, dass Stephan nicht mit den anderen Kindern mithalten konnte. Er lernte einfach nicht, wie alle anderen. Ich wusste es doch, nun aber stand die Einschulung bevor. Mir wurde empfohlen, meinen Sohn in eine Schule für geistig behinderte Schüler anzumelden.
„Nein, das kommt nicht infrage. Es gibt doch auch Lernbehindertenschulen."
Abfällig sagte sie zu mir: „Das müssen Sie wissen …"
Ich wollte, dass Stephan die beste Förderung bekam, die er nur haben konnte. Somit meldete ich ihn in einer Lernbehindertenschule an.
Hier im Frauenhaus wurde sogar eine kleine Einschulungsfeier organisiert. Wie stolz war mein kleiner Mann mit seiner großen Zuckertüte. Ich hatte Tränen in den Augen. Alle

Liebe würde ich meinen Kindern geben, ohne diese ständige Angst, schrecklich missbraucht zu werden.
Stephan fühlte sich sehr wohl in dieser Schule. Spürte er nun, dass er mit den großen Lernschwierigkeiten nicht allein war.
Ihm fiel es unglaublich schwer, schreiben, rechnen und lesen zu lernen. Er wird es nie richtig können.
Christian ging in die Kindertagesstätte und fühlte sich ebenfalls sehr wohl. Jeden Tag erzählte er mir von den Spielen mit anderen Kindern. Seine kleine Schnute stand überhaupt nicht mehr still.
Aaron gluckste fröhlich vor sich hin und strahlte mich täglich an. So viel er auch zu Hause weinte, jetzt wurde er viel ruhiger und lächelte. Mein kleines Baby entwickelte sich prächtig. Ich war so stolz auf meine kleinen Lieblinge. Sie blühten auf wie Blumen, die endlich Wasser bekamen. Es war so schön für mich, diese positive Veränderung meiner Kinder wahrzunehmen. Oft fragten sie mich trotzdem:
„Hältst du dein Versprechen und wir gehen nie wieder zum Papa?"
„Ja, das halte ich. Nie wieder gehen wir dahin zurück. Hier wird uns geholfen, eine Wohnung zu finden, dann können wir ganz in Ruhe leben."
Christian seufzte erleichtert auf, Stephan hatte Tränen in den Augen.
Fast jede Nacht wachte er auf und weinte bitterlich: „Schschschsch … du hast nur schlecht geträumt … ", versuchte

ich Stephan zu trösten und hielt ihn so lange fest, bis er ruhiger wurde.
Gerald war ein guter Vater bei Christian. Mit ihm spielte er gern. Aus diesem Grund bin ich davon ausgegangen, dass zumindest er ihn vermissen würde. Tat er in keinster Weise. So klein Kinder auch sind, sie bekommen mehr mit, als uns lieb ist.
Bei uns war es noch um einiges schlimmer, denn Gerald und mein Vater verheimlichten nichts – ganz im Gegenteil.

Selbst mein Geburtstag wurde hier im Frauenhaus gefeiert. Als ich mit meinen Kindern morgens in die Küche kam, war niemand da. Wo sind denn alle? Stephan rannte in den Gemeinschaftsraum: „Mama … komm …", rief er ganz aufgeregt. Sofort rannte ich mit den anderen zwei Mäusen hinterher. Alle Frauen und Kinder saßen da, sangen „Happy Birthday." Ich war so gerührt, Tränen kullerten über meine Wangen. Eine große Torte mit Kerzen stand in der Mitte des Tisches. Auf meinem Platz lagen wunderschön verpackte, kleine Geschenke. Kinder packen gern Geschenke aus, so ließ ich meine Engelchen alle aufreißen. Sie waren so süß und aufgeregt, ihre kleinen Wangen glühten. Ich konnte mich nicht satt sehen an meinen endlich glücklich zu scheinenden Kindern. Sämtliche Drogerieartikel bekam ich geschenkt, die ich für mich und meine Lieblinge brauchen konnte. Jede einzelne Frau und jedes Kind umarmte mich. Ich war so unendlich dankbar für diese Herzlichkeit,

die hier herrschte.
„Mama, warum weinst du denn? Du hast doch Geschenke bekommen, da musst du dich freuen", strahlte mich Christian an.
„Ja, mein Schätzchen, es sind Freudentränen."
„Wenn man sich freut, braucht man doch nicht zu weinen, Mama", wollte mich mein kleines Kerlchen belehren. Er war so süß, ich wischte mir schnell die Tränen aus dem Gesicht:
„Ich weiß … schau … Tränen sind schon weg."

In der Zeit im Frauenhaus erfuhr ich zum ersten Mal, dass es ein Leben ohne Missbrauch und Schläge gibt. Ich konnte nachts schlafen und musste nicht den vielen Kerlen zur Verfügung stehen. Obwohl man Schlafen bei mir nicht sagen konnte: Ich wachte jede Nacht von schrecklichen Albträumen auf, schlief ich nach langer Zeit wieder ein, kehrten sie unbarmherzig zurück.
Trotzdem war ich glücklich und fragte mich:
Sieht so die Freiheit aus?
Mir war völlig bewusst, dass mich meine Vergangenheit niemals wieder loslassen würde, so etwas Schreckliches über so viele Jahre kann man nicht einfach abschütteln. Aber ich wollte in Ruhe und Frieden mit meinen Kindern leben, Albträume nahm ich einfach hin. Dass ich viel erkrankter war, als ich es für möglich gehalten hätte, spürte ich noch nicht.

Ein Geruch, eine bestimmte Musik oder einfach das Lachen eines Mannes katapultierte mich sofort in meine Vergangenheit zurück. Mein Brustkorb zog sich zusammen, ich bekam nur noch schlecht Luft. Wenn ich etwas zu erledigen hatte, begleitete mich immer eine Sozialarbeiterin des Frauenhauses, somit war ich nie allein bei solchen fiesen Attacken. Gemeinsam atmeten wir die Panik weg, mal dauerte es sehr lange, manchmal ging es auch schnell vorüber.

Mir wurde geraten, mich in eine Psychotherapie zu begeben. Nein, das schaffte ich nicht. Ich war frei und wollte für meine Kinder da sein. Das reichte mir vollständig.
Einige Anträge mussten gestellt werden, bei allen wurde mir geholfen. Wenn es auch noch so schön war, hier den Schutz des Frauenhauses zu bekommen, alle supernett waren, wollte ich doch wieder in eigenen vier Wänden mit meinen Kindern wohnen. Ich malte mir aus, wie wir gemeinsam die Mahlzeiten einnahmen, ich kochen und putzen würde und ohne Angst mit meinen Mäusen spielen konnte. So sehr sehnte ich mich nach einem ganz normalen Leben.
Nach zehn Monaten fanden wir eine schöne Drei-Zimmer-Wohnung. Jetzt waren wir für uns ganz allein. Die Wohnung befand sich am Stadtrand, sodass meine Kinder nicht aus ihrer Schule und dem Kindergarten herausgerissen werden mussten.

Gerald musste aus dem Haus ausziehen, aber verkaufen konnte ich es nicht so einfach. Meine Schwester und mein Bruder hatten auch einen Erbanteil. Unser Kontakt ist seit vielen Jahren leider abgebrochen, ich weiß nicht, wo sie abgeblieben sind. Aber ich bin auch enttäuscht. Beide waren viel eher volljährig als ich. Meine Schwester hatte mir damals gesagt, sie wüsste genau, was Papa tat.
Warum haben sie mich nicht rausgeholt aus diesem Elend?
Warum nicht?
Hatten sie Angst, mich nicht zu bekommen?
Hatten sie Angst vor unserem Vater?
Hatten sie Angst, mir unerfüllbare Hoffnung zu geben?
Irgendwann müsste das Haus verkauft werden, sollten sie sich kümmern. Ich hatte die Kraft nicht.

Ich erfuhr, dass mein Elternhaus verkauft war. Das Unglaubliche daran: Mein Vater hatte das Haus noch zu seinen Lebzeiten einem sehr guten Freund überschrieben, für sich ein lebenslanges Wohnrecht eintragen lassen und soweit ich weiß, ist auch Geld geflossen. Sicher bin ich mir nicht. Was ich aber weiß, dieser „gute Freund“ war einer dieser Bestien, ein sehr hoch angesehener „Mann“. Unser Erbe war somit futsch. Aber auch das war mir egal. Ich wollte nur in Ruhe und Frieden mit meinen Kindern leben dürfen. Mehr interessierte mich nicht.

Unser Umzug in eine eigene Wohnung war einen Monat her. Ich hatte alles gemütlich für uns einrichten können. Vieles bekam ich bezahlt oder gestellt. Immer wieder möchte ich mich für die viele Hilfe bedanken. Aus meinem Elternhaus wollte ich nichts. Die Erinnerungen an jedes einzelne Möbelstück waren zu schrecklich.
Stephan war in der Schule, Christian im Kindergarten, mein jüngster Sohn würde erst in einem halben Jahr aufgenommen werden können.
Es war Mittag, Stephan kam nicht nach Hause.
Wo blieb er denn nur? Er musste doch schon lange hier sein? Ich verging vor Sorge.
GERALD!
Sofort rief ich ihn an: „Wo ist Stephan?"
„Dem geht es gut. Wenn du ihn sehen willst, musst du zu mir zurückkommen."
„Niemals komme ich zu dir, gib mir mein Kind zurück", schrie ich panisch in den Hörer.
„Nö", kam von ihm und er legte auf.
Sofort rief ich die Polizei und schilderte zitternd die Situation, auch wo er jetzt wohnte, konnte ich nicht beantworten. 'Bitte, tu dem Kleinen nichts', die schrecklichsten Gedanken schossen mir durch den Kopf, was er ihm alles antun könnte.
Eine Stunde später klingelte es an der Tür. Ich rannte hin und riss sie auf. Vor mir standen zwei Polizisten mit meinem weinenden und zitternden, kleinen Sohn. Heulend vor

Erleichterung schloss ich ihn in meine Arme. Von diesem Tag an brachte ich ihn zur Schule und holte ihn mittags wieder ab. Gerald ließ uns von nun an in Ruhe.
Stephan hatte lange Angst vor Gerald, immer sah er sich überall um. Nach und nach legte sich die Panik vor seinem Vater zum Glück wieder.

Manchmal kann das Schicksal auch sehr gnädig sein.
Ein Jahr später ist Gerald verstorben. Die Todesursache kenne ich nicht, ich weiß nur, dass er ganz plötzlich aus dem Leben geschieden ist. Für mich war es ein Segen, dass mein Peiniger für immer verschwunden war.

Ich lebte von Hartz IV, Kindergeld und Unterhaltsvorschuss. Mir war klar, dass ich dringend einen Job brauchte. Bewerbungen schreiben war für mich keine Hürde, das konnte ich im Jobcenter, da ich keinen PC besaß. Aber ich schaffte es nie, zu einem Vorstellungsgespräch zu gehen.
Mir passierte es neuerdings immer wieder, dass ich mich in der Stadt verlief. Ich konnte mir kaum etwas merken.
Was war denn los mit mir?
Bei meinen Kindern konnte ich immer gewissenhaft sein, alles andere bereitete mir große Schwierigkeiten.
Das Jobcenter schickte mir immer wieder neue Arbeitsangebote. Mehr und mehr verfiel ich deshalb in Panik. Ich schaffte es nicht, mit den öffentlichen Verkehrsmitteln zu fahren, wenn ich allein war. Eine Station mit dem Bus hielt

ich aus, dann musste ich dringend raus an die Luft. Wieder einmal war ich zu blöd für alles, wertlos, dreckig und ekelig.
Mir blieb nichts anderes übrig, als beim nächsten Termin mit der Mitarbeiterin dieser Behörde über meine Ängste zu sprechen. Daraufhin schickte sie mich zum Psychologischen Dienst. Zwei Tage später bekam ich schon einen Termin. Würde ich es schaffen zu reden? Zu meinem Unglück saß dann auch noch ein Mann vor mir. Ich nahm all meinen Mut zusammen und fragte, ob ich mit einer Frau sprechen könnte. Herr Meier, so hieß dieser nette Mann, rief sofort eine Dame zu sich und verließ den Raum. Ich schaute nur zum Boden, während ich stotternd anfing zu reden. Alles konnte ich nicht erzählen, nur dass ich als Kind missbraucht wurde und mein verstorbener Mann gewalttätig und ich im Frauenhaus war und jetzt für meine Kinder da sein möchte. Meine Angst vor Menschen beschrieb ich ihr auch. Mein Vater erschien mir auch wieder, seitdem wir in der Wohnung lebten. Auch das beschrieb ich. Während der ganzen Zeit weinte ich ununterbrochen. Als ich aufsah, erkannte ich auch in den Augen der netten Frau Tränen.
Herr Meier und die Dame setzten sich für mich ein. Ich bekam schon innerhalb einer Woche einen Termin bei einer Psychologin.
Diese Frau war so lieb, empathisch und herzlich, dass ich es nach einigen Wochen schaffte, über mehr zu reden. Ihr jedoch alles zu erzählen, schaffte ich nie. Sie erkannte sehr

schnell, dass ich psychisch schwer krank und meine Seele völlig zerbrochen war. Ich erhielt eine Sonderregelung, das heißt, ich konnte solange in der Therapie bleiben, wie ich es brauchte. Es gab keine zeitliche Begrenzung.

Zwölf Jahre war ich in der Therapie. Noch heute bin ich sehr dankbar dafür, dass ich so lange Hilfe erhielt. Frau Tscheschner war ihr Name. Sie schaffte es, dass mir mein Vater nicht mehr erschien. Sie war so bestürzt über mein Schicksal, dass ich sogar ihre private Telefonnummer bekam. Zweimal habe ich diese aber nur genutzt. Mir fiel und fällt es bis heute sehr schwer, fremde Hilfe anzunehmen.

Ich brauchte mir jetzt keine Gedanken mehr um einen Job zu machen. Ich hätte es nie geschafft, jetzt wurde ich verstanden. Endlich begriff auch ich immer mehr, dass ich tatsächlich sehr krank war, krank gemacht wurde seit meinem achten Lebensjahr.
Mir wurde sogar eine Erwerbsminderungsrente genehmigt, die ich mithilfe des psychologischen Dienstes beantragte.
So wurde mir eine Riesenlast von meinen Schultern genommen. Darüber nachdenken durfte ich nicht. War ich doch noch so jung und bekam schon Rente? Ja, auch das haben diese Bestien aus mir gemacht – eine Frührentnerin. Wer weiß, was aus mir geworden wäre, hätte ich diese grausame Welt aus Schmerzen und Perversion nicht kennenlernen müssen. Vielleicht hätte ich einen tollen Beruf,

verdiente gutes Geld. Vielleicht hätte ich sogar die große Liebe gefunden und eine schicke Wohnung oder gar ein eigenes Haus? Wer weiß.
Jetzt erst war ich in der Lage, über meine Zukunft überhaupt nachzudenken. Obwohl, ich hatte keine große Zukunft mehr vor mir, aber meine Kinder und dafür wollte ich alles tun. Sie sollten glücklich sein und werden.

Musste ich in die Stadt, brauchte ich lange, um mich überhaupt aufraffen zu können. Mein Ekel vor mir stieg ins Unermessliche, andere Menschen würden mir genau ansehen, was ich alles erleiden musste.
Auch begleitete mich ständig die Angst, mich würde eine Panikattacke überfallen und meine Kinder würden machtlos daneben stehen. Tabletten lehnte ich rigoros ab, wusste ich doch aus Erfahrung, wie schnell man in eine Sucht hineinrutscht.
Erlernte Atemtechniken mussten reichen, es gelang mir ganz gut.

Meine Söhne wuchsen heran, sie bettelten schon seit Monaten um einen PC:
„Mama … bitte …" Jeden einzelnen Tag ließen sie mich mit ihrem Wunsch nicht mehr in Ruhe. Alles würde ich für meine Mäuse tun, aber wie sollte ich einen PC bezahlen? Finanziell war es überhaupt nicht drin. Ich überlegte hin und her, wie ich ihnen diesen Wunsch erfüllen konnte.
Bei uns war heute in der Stadt ein Flohmarkt. So sehr ich auch Angst hatte, dorthin zu fahren, wollte ich es unbedingt für meine Kinder schaffen.

Es war ein Samstag, wir saßen beim Frühstück.
„Hey ihr Schätzchen, heute ist Flohmarkt hier in der Nähe."
„Oooooor neeeee, nicht zum Flohmarkt, da ist es doch voll langweilig", mokierte sich Christian gleich. Ich lächelte ihn an:
„Und wenn es nun da einen gibt, der einen PC verkauft, den ich bezahlen kann?", lächelte ich zurück.
„Ach, da gibt es doch niemals einen PC, du hast aber auch keine Ahnung", kam jetzt Stephan zu Wort.
„Wollen wir es nicht mal versuchen? Wir werden es doch sehen."
„Na gut, aber du wirst sehen, wir haben recht und bekommen dort niemals einen PC."
Ich glaubte eigentlich auch nicht daran, aber ich wollte jede noch so kleinste Chance nutzen. Meine Kinder sollten glücklich sein.

‘Bitte, bitte, lass mich das durchstehen und einen Computer auftreiben’, betete ich in Gedanken vor mich hin.
Die Fahrt dorthin verlief super, mich überfiel keine Angst- oder Panikattacke. Christian hielt meine Hand. Endlich angekommen. Diese vielen Menschen! Egal, ich wollte es unbedingt. Eine halbe Stunde irrten wir herum, bis Stephan aufschrie:
„Mama … Mama … schau mal … hier.”
Tatsächlich stand vor uns ein junger Mann mit dem Wunderteil für meine Kinder.
„Hallo … g … gu … ten Tag. Darf ich fragen, was er kosten soll?”
„Ja klar, guten Tag.” Mehr sagte er nicht, er lächelte uns nur an.
Stephan sah sich mit Christian und Aaron schon alles genau an.
Plötzlich musste ich lachen, ja ich durfte nach dem Preis fragen, mehr sagte er ja nicht, also musste ich fragen.
„Wie teuer ist er denn?”
Er nannte mir sofort den Betrag, ich war sprachlos:
„Warum ist er so billig? Ist er vielleicht kaputt?”
„Nein nein, versprochen. Der Gute läuft noch prima. Ich brauche ihn nur nicht mehr.”
Meine Kinder sprangen hoch und runter:
„Mama … bitte, kaufst du uns den?”
Ich lächelte: „Würde ich ja gern, aber ich kann ihn nicht aufbauen und anschließen.”

Jetzt mischte sich der Mann ein:
„Das wäre das kleinste Problem, ich kann Ihnen das Schmuckstück anschließen … übrigens, mein Name ist Heiko."
„Manuela, Stephan, Christian und Aaron", stellte ich uns vor.
Heiko schüttelte jedem meiner Söhne die Hand.
Sollte ich einen fremden Mann zur mir lassen?
Welche Wahl hatte ich? Freunde hatte ich keine, zu meinen Geschwistern hatte ich keinen Kontakt.
Am Anschließen eines PCs kann ja nichts Schlimmes sein.
„Würden Sie das wirklich für uns machen? Was kostet mich das dann?"
„Gar nichts, nur der Preis für den PC, alles andere ist inklusive", lachte er mich freundlich an. Heiko kam noch am selben Abend zu uns und stellte den Herzenswunsch meiner Kinder auf. Sofort zockte er mit den Jungs. Meine Mäuse waren Feuer und Flamme. Es war so wunderschön mit anzusehen, wie glücklich meine Kinder waren. Mehr brauchte ich nicht. Ihre Augen strahlten, sie waren total vertieft in ihrem Spiel.
„Möchten Sie mit uns essen?", ich wollte die Zeit, die er für uns opferte, irgendwie wieder gut machen.
„Ja, sehr gern."
Bevor ich unser Abendessen zubereitete, beobachtete ich die vier genauer. Heiko war ein sehr gut aussehender Mann mit vollen dunklen Haaren, braunen Augen und er war

groß. Was aber viel wichtiger für mich war, er beschäftigte sich supertoll mit meinen Söhnen. Ich kochte Spaghetti Bolognese, selbst das Essen verlief lustig. Heiko bezog die Kinder in jedes Gespräch mit ein, wir zutschten die Nudeln durch die Lippen und lachten. Ich wurde immer entspannter.

Als wir uns von Heiko verabschiedeten, bettelten die Kinder gleich:

„Bitte kommst du uns wieder besuchen? Mama, darf er?"

Unsicher sah ich von Heiko zu den Kindern und zuckte mit den Schultern. Wollte ich das?

Meine Wünsche stellte ich aber immer hinten an. Nur meine Kinder zählten.

„Ich komme gern wieder", hörte ich seine warme Stimme.

„Ja gut, die Kinder freuen sich, wenn Sie mit Ihnen zocken."

„Wir waren schon beim DU", lachte er.

„Oh klar, Entschuldigung …"

Ich konnte es ihnen nicht abschlagen.

So kam es, dass Heiko fast jeden Abend bei uns war. Er spielte mit den Kindern, abends aßen wir gemeinsam. Heiko gewann immer mehr mein verwundetes Herz. Wer so wundervoll mit Kindern spielt, kann kein böser Mensch sein. Hätte ich doch nur sofort an meine Kindheit gedacht und daran, wie derselbe Mann, der mich so geschunden hatte, so liebevoll zu seinen Enkeln war. Leider kam mir das nicht in den Sinn. Viel vorsichtiger hätte ich sein müssen. Wie immer war ich nur naiv, wollte niemandem eine Bitte abschlagen.

Zum ersten Mal in meinem Leben liebte ich einen Mann von ganzem Herzen. Ich lernte die Liebe kennen. Mit Heiko konnte ich mir alles vorstellen, außer Sex. Aber auch das würde ich schaffen. Ich ließ es über mich ergehen, wie ich es Jahrzehnte gelernt hatte. Heiko war anders, als ich es kannte. Er war sehr zärtlich und vorsichtig. Trotzdem gab es für mich an Sex nicht die geringste Freude. Ich spielte ihm alles nur vor. Wir verstanden uns super und entschlossen uns relativ schnell, dass er bei mir einzog und wir heiraten wollten. Für eine große Feier und eine anspruchsvolle Hochzeitsgarderobe fehlte uns das Geld. Die Kinder bekamen schicke Sachen, wir trugen an unserem Tag das, was wir hatten.

Ich zog ein schwarzes, enges Kleid an, Heiko eine Jeans und ein Sakko. Er war ein sehr hübscher Mann und sah sensationell in seinen Klamotten aus. Er hatte so schöne braune Augen wie meine Mama. Wie hatte ich so einen liebevollen und hübschen Partner an meiner Seite verdient, der auch noch total lieb zu meinen Kindern war?

Meine Söhne trugen alle eine schwarze Hose, ein weißes Hemd und einen Blazer. Dafür gab ich das Geld gern aus, für alles andere nicht. Sie waren zuckersüß in ihrem festlichen Outfit.

Wir ließen uns auf dem Standesamt trauen, nur meine Söhne waren dabei. Heiko hat mir nie jemanden aus seiner Familie vorgestellt. Er wollte keinen Kontakt mit ihnen. Als ich nachfragte, antwortete er nur:
„Frag bitte nicht, ich möchte nicht darüber reden."
Selbstverständlich sprach ich ihn nie wieder darauf an. Wenn mir gesagt wird, frag nicht mehr, dann ist das für mich Gesetz und gilt. Ich traue mich einfach nicht. Trotzdem war er sehr lieb zu mir und den Kindern, nur das zählte für mich. Am Abend gingen wir fünf essen. Es wurde ein sehr schöner Abend, den wir ausgelassen genossen.
Stand ich jetzt endlich einmal auch auf der Sonnenseite des Lebens?

Ich wollte mich ihm unbedingt offenbaren, er hatte es verdient. Eines Abends, nachdem die Kinder im Bett waren, fragte ich ihn:
„Kann ich mit dir über etwas Ernstes reden?"
„Ja klar."
„Es fällt mir schwer, so schwer …", schon füllten sich meine Augen mit Tränen.
„Hey Maus … was ist denn? Habe ich etwas falsch gemacht?"
„Nein, weißt du … ich bin als Kind von meinem Vater … missbraucht worden", brachte ich stotternd heraus.
Entsetzt sah er mich an:
„Dieses Schwein … daher deine Narben?"

„Mehr möchte ich dazu nicht sagen, ich kann es einfach nicht. Nur eins – ja du hast recht, die Narben sind Erinnerungen an den Missbrauch. Er hielt mir auch gern Mund und Nase zu, weil ich dann angeblich besser mitmachte. Dabei zappelte ich in Todesangst, weil mir die Luftzufuhr von ihm abgeschnitten wurde."
Heiko schien wirklich geschockt zu sein. Er hielt mich ganz fest und ließ mich weinen.
„Bitte, frag mich nie wieder danach, ja? Ich möchte weiter nicht mehr darüber reden."
„Nein, mache ich nicht, ich kann dich verstehen. Dieses Scheusal."

Endlich hatte ich jemanden an meiner Seite, der mich zu verstehen schien und für mich und meine Kinder da war. Heiko arbeitete in einer Maschinenbaufirma, aber diese Arbeit machte ihn nicht glücklich. Er hatte immer öfter schlechte Laune. Dann sprach er nicht und hatte zu nichts Lust.

Wir waren ein Jahr verheiratet, als wir uns einen kleinen Garten pachteten.
Dort bauten wir eine Rutsche, eine Schaukel und einen Sandkasten für die Kinder. Ein kleines Gartenhäuschen gehörte ebenfalls dazu. Hier sollte unsere Oase sein. Ich war so glücklich. Hier in unserem Garten und in unserer Wohnung gab es endlich den Raum für mich, den ich so sehr

brauchte und vor allem ein Leben ohne Angst und Schmerzen.
Mit den Launen von Heiko habe ich gelernt, gut umzugehen. Sie dauerten nie lange an.

Leider veränderte er sich immer mehr und das bereitete mir Sorgen. Kaum war er zu Hause, saß er am PC und trank viel Bier. Die Mühe, die er sich mit meinen Kindern gegeben hatte, schlief immer mehr ein. Manchmal gab es Tage an den Wochenenden, da konnte er der liebevollste und ideenreichste Stiefpapa sein und die Kinder glücklich machen. An anderen Tagen war er nur genervt und sprach fast mit niemanden. Dann saß er nur am PC und war kaum noch ansprechbar. Ich grübelte ständig hin und her, was ich denn falsch gemacht hatte.

Der Sommer war sehr heiß. Heute wollten wir grillen. Für die Kinder war alles da, was sie zum Spielen und Toben brauchten. Wir wollten feiern, was wir alles geschafft hatten.

Ich bereitete Salat zu, wir hatten Würstchen und Steaks gekauft. Ich freute mich schon auf das leckere Essen an der frischen Luft.

Die Kinder tobten ausgelassen herum, wir saßen auf unserer Hollywoodschaukel und beobachteten sie. Fröhlich tobende Kinder – etwas Schöneres gab es für mich nicht.

Heiko legte seinen Arm um mich und begann mich zu küssen. Bis dahin nichts Schlimmes. Er wurde aber immer fordernder.

„Heiko, hör auf! Nicht vor den Kindern!"

Er griff meine Hand und zog mich in unser Gartenhäuschen. Ich wehrte mich gegen seine Zudringlichkeiten, aber

der liebevolle Heiko war plötzlich ein anderer.
Kaum im Gartenhäuschen drängte er mich auf den Boden, schob mir meine Klamotten hoch. Ich trug nur ein dünnes Kleid und Unterwäsche. Überall betatschte er mich grob.
„Hör auf … bitte …", bettelte ich.
„Jetzt stell dich nicht so an … du willst es doch auch."
„Nein … bitte …" Ich konnte ihn nicht von mir schieben. Ich gab auf, hilflose Tränen liefen über meine Wangen. Schreien wollte ich wegen der Kinder nicht.

Er vergewaltigte mich an diesem schönen Sommertag zum ersten Mal. Als er endlich von mir abließ, schnauzte er mich an: „Man, du kannst aber auch einen Zirkus veranstalten. Die Kinder spielen doch, sie haben nichts mitbekommen."
Ich lag da und weinte, mein Unterleib pochte wie verrückt. Warum tat er mir das an?

Hier war sie wieder – die Manuela, die missbraucht wurde und einfach gehorchte.
Ich ließ es wieder einmal über mich ergehen, Heiko ließ von nun an sein zweites Gesicht total zum Vorschein kommen.
Er vergewaltigte mich überall. In der Garage, im Bad, sogar im Kinderzimmer, wenn meine Söhne im Wohnzimmer spielten.
Er begann, mir beim Sex Mund und Nase zuzuhalten.
Wieder war ich voller Entsetzen und Angst. Eine Chance,

mich gegen diese Grausamkeit zu wehren, hatte ich nicht und konnte ich auch nicht.
„Warum machst du ausgerechnet das, was der Alte mir angetan hatte", nahm ich all meinen Mut zusammen.
„Da gehst du so schön ab, schaust mich mit großen Augen an und zappelst hin und her. Das ist so g …"
Bitte?
Wie krank muss man denn sein?
„Ja, weil ich keine Luft bekomme."
„Als würde ich dich ersticken lassen", kam nur von ihm.
„Weißt du eigentlich, wie schlimm es ist, fast keine Luft mehr zu bekommen?"
„Maaaaaan …", bekam ich zur Antwort, er ging in die Küche, holte sich ein Bier und setzte sich an den PC. Meine Angst war zu groß, um weiter auf ihn einzureden.
Ich ließ die Spirale der Gewalt zu. Ich war gefangen in meiner Angst und meinem Entsetzen. Mein Ekel vor mir stieg in ein unermessliches Maß – wieder einmal.

Leider blieb es nicht bei den Vergewaltigungen, Heiko begann, mich zu schlagen. Bei jeder Kleinigkeit bekam ich eine Ohrfeige, verweigerte ich mich ihm, prügelte er auf mich ein. Wo war der liebevolle Mann hin?

Lust auf seinen Job hatte er nicht mehr, er warf ihn einfach hin und beantragte Arbeitslosengeld. Er bekam es, da er mit seinem Chef abgesprochen hatte, dass er gekündigt wurde.

„Warum gehst du nicht mehr arbeiten? Wir brauchen doch das Geld?"
„Weil ich keinen Bock mehr habe. Du sitzt doch auch nur zu Hause rum, du blöde Kuh. Schreib mir nicht vor, was ich zu tun und zu lassen habe!"
Wie soll es denn jetzt weitergehen?

Einige Monate später entdeckte ich, dass Heiko begann, sich mit anderen Frauen zu treffen. Entweder saß er stundenlang am PC und chattete mit ihnen oder ging gleich mit diesen Frauen aus. Er stand dazu und verheimlichte mir nichts.
„Warum tust du mir das an? Ich dachte, wir lieben uns?"
Heiko lachte mich aus, gesagt hat er nichts.
Ich duldete alles, wollte ihn auf keinen Fall verlieren. ‘Wenn er doch mal Ablenkung braucht, dann bitte, soll er sie haben.’ Auf keinen Fall wollte ich meinen Kindern die Familie kaputtmachen, die wir jetzt eigentlich waren. Ja, auch wenn er oft schlechte Laune hatte, geht es nicht allen Menschen so? Jeder hat mal eine schlechte Zeit. Ich duldete und entschuldigte alles. Vergewaltigungen und Schläge nahm ich hin, genau wie sein Fremdgehen. Ich liebte diesen Mann von ganzem Herzen, nie wollte ich ihn verlieren, völlig egal, was er mir alles antat. Augen zu und durch war meine Devise.

Stephan, Christian und Aaron waren auf dem Spielplatz,

dieser war gleich um die Ecke. Ich ging einkaufen, Heiko versprach, immer mal nach ihnen zu schauen.
Als ich nach Hause in die Küche kam, traf mich fast der Schlag.
Er saß gut gelaunt auf unserer Eckbank, neben ihm eine mir völlig fremde Frau. Sein Arm lag um ihre Schultern. Mir fielen vor Schreck die Einkaufstüten aus der Hand.
„Das ist Diana. Sie hat ihre Wohnung verloren und wohnt vorübergehend bei uns."
„Wie stellst du dir das denn vor?" Ich war vollkommen von den Socken.
„Na ganz einfach. Diana zieht bei uns ein. Wir werden im Wohnzimmer leben und du im Schlafzimmer." Ich muss geschaut haben wie eine Kuh vor dem neuen Tor. Es dauerte, bis ich meine Stimme wieder fand.
Eine fremde Frau sollte bei uns leben?
Dreht er jetzt komplett am Rad?
Ich hatte seine Fremdgeherei geduldet, seine Vergewaltigungen erduldet und jetzt reichte ihm das auch nicht mehr?
„Niemals … nein Heiko … nur über meine Leiche. Denk mal an die Kinder."
Rasend kam er auf mich zu: „Dann eben über deine Leiche, Manuela."
Wütend sprang er auf, griff mir an den Hals und drückte zu.
Die Kinder kamen gerade vom Spielplatz und erstarrten sofort. Stephan schrie als Erster:
„Lass Mama los!" Mein kleiner Junge stürzte sich

schreiend auf Heiko, meine beiden anderen Mäuse brüllten und weinten sofort mit. Endlich ließ er von mir ab, ich sackte auf dem Fußboden zusammen und schnappte nach Luft. Was sollte ich denn jetzt tun?
Ich war wieder mitten in einem Wahnsinn.
Selbstverständlich kam es, wie es kommen musste – ich gehorchte und stimmte zu.

Diana wohnte seit vier Wochen bei uns. Sie machte nicht einen Finger im Haushalt krumm. Im Gegenteil, sie ließ sich von mir bedienen. Auch Heiko scheuchte mich nur durch die Gegend. Meine Mäuse spürten ganz genau, dass hier etwas völlig aus dem Ruder lief.
„Mama, können wir die Diana nicht rausschmeißen, sie ist böse." Ich traute mich aber nicht.
„Sie wird bald ausziehen, ganz bestimmt", versuchte ich, sie zu trösten.

Gedankenverloren saß ich auf dem Bett, als ich ein Rascheln vernahm. Ich sah auf und da saß er wieder – mein Vater. Er grinste mich hämisch an. Das konnte doch nicht wahr sein, war ich seine Erscheinung schon los gewesen. Er lachte und lachte, genau diese Lache, die mir mein ganzes Leben unendliche Angst machte. Ich schrie: „Hau ab! Bitte … lass … mich in … Ruhe."
Vom Schreien alarmiert kamen Heiko und Diana herein, panisch schrie ich sofort:

„Macht ihn weg … bitte, macht ihn weg …"
„Was ist denn jetzt los?", fragte mich mein Mann.
„Mein Vater ist da … bitte mach ihn weg."
Er lachte mit Diana: „Da ist keiner, drehst du jetzt völlig durch?"
Nein, er war doch real vor mir. Ich bildete mir das nicht ein. Ganz deutlich saß er da und grinste. Ich schaffte es nicht, den Blick von ihm abzuwenden. Nach einer gefühlten Ewigkeit löste er sich auf. Endlich!

Wieder erschien mir der Alte überall. Nachts stand er vor meinem Bett: „Du gehörst nur mir! Komm zu mir! Niemand hält es bei dir aus, nur ich! Schau dich an, wer will denn bei dir dreckigem Flittchen bleiben? Deinen Mann kannst du auch nicht glücklich machen, nur mich." Er sprach diese Sätze nicht jedesmal, aber in etwa so in der Art, wie ich ihn sah und hörte. Ich war tatsächlich am Durchdrehen.

Vor meinen Kindern riss ich mich zusammen, waren sie in der Schule oder im Bett, weinte ich nur noch.
Mein Leben war nicht mehr lebenswert.
War ich nur für Vergewaltigungen und Schläge gut?
Musste ich immer nur dulden und nur mit mir umspringen lassen, wie jeder wollte?
Ja, das musste ich mit Sicherheit. Warum sonst übt jeder seine Gewalt an mir aus? Es war mein Los und fertig.

Heiko veränderte sich immer mehr, wurde immer gewalttätiger. Er schlug nicht nur mich, sondern auch Diana.
Ich saß fast nur noch im Schlafzimmer. In der Küche bereitete ich Essen zu und verließ sie sofort wieder. Tatsächlich gab es Essen für alle, auch für diese Diana. An einem Abend hörte ich sie schreien. Es klatschte und rumste. Wie ein Pfeil schoss ich aus dem Schlafzimmer zum Wohnzimmer. Ich sah, wie Heiko unbarmherzig auf sie einprügelte. Sofort erstarrte ich. Wie oft musste ich in meinem Leben Prügel aushalten und jetzt war ich Zuschauer. Ich war nicht in der Lage, irgendein Wort herauszubringen. Endlich füllten sich meine Beine wieder mit Leben, ich ging zum Kinderzimmer. Meine Söhne saßen ängstlich auf Stephans Bett. Das Geschrei der beiden war in der ganzen Wohnung zu hören.
„Ihr bleibt hier drin, o. k.?"
„Mama, warum schreit die denn so? Wird sie geschlagen?"
Ich nickte: „Ja, ich versuche, ihn zu beruhigen, ihr bleibt bitte hier."
Dianas Schreien verstummte. Ich hörte nur noch die Wohnungstür knallen. Als ich ins Wohnzimmer kam, war Heiko weg. Diana sah schlimm aus. Ihre Augenbraue war aufgeplatzt, die Lippen und ihre Nase bluteten. Überall waren Flecken auf ihren Armen und am Hals.
Trotz allem nahm ich sie in den Arm, wir weinten beide.
„Diana, du musst weggehen, am besten in ein Frauenhaus."
„Aber das ist doch so peinlich", redete sie unter Tränen.

„Nein, das ist nicht peinlich. Besser, als dich so sehr verprügeln zu lassen. Oder hast du schon eine eigene Wohnung?"
„Nein", kam es hilflos von ihr.
Lange erklärte ich ihr alles vom Frauenhaus und schwärmte von der großen Hilfe, die ich erfahren durfte. Sie ließ sich überreden und ging noch am selben Tag. Ich sah sie nie wieder.

Ich legte jetzt alle Hoffnungen wieder in unsere Ehe, leider war alle Anstrengung vergebens. Heiko wurde immer schlimmer, er schlug oder vergewaltigte mich fast täglich. Meine Kinder standen diesem Wahnsinn hilflos gegenüber.

NEIN!
SCHLUSS DAMIT!
Ich wollte einfach nicht mehr vergewaltigt und geschlagen werden. Am Abend sprach ich meinen Mann darauf an:
„Heiko, wir müssen uns scheiden lassen. Es geht so nicht mehr weiter."
„Was?"
„Ja", Tränen liefen über mein Gesicht. Ich hatte diesen Mann so geliebt.
„Ich will aber meine Familie behalten. Die Kinder lieben mich doch."
„Sie liebten dich, Heiko, das ist ein großer Unterschied. Denkst du, es gefällt ihnen, wenn ihre Mama verprügelt

wird von dir? Glaub mir, sie mussten damals schon so viel mit ansehen. Sie lieben dich nicht, sie haben nur noch Angst vor dir. Dann lässt du auch noch eine fremde Frau hier einziehen und wir hausen wie die Assis? Nein, Heiko, das geht so nicht."

In seinen Augen sammelten sich Tränen.

„Ich verspreche dir, mich zu ändern."

„Es ist vorbei. Such dir eine Wohnung! Ich werde die Scheidung einreichen."

Oh je, jetzt hatte ich was gesagt. Seine schönen Gesichtszüge verzogen sich zu einer wütenden Fratze:

„Du willst mich hier raushaben? Duuuuu? Miiiich? Als ob du ohne mich klarkommen würdest." RUMS saß seine Hand in meinem Gesicht. Und wieder! Und wieder! Wieder einmal verprügelte er mich und veranstaltete einen Riesenstress. Meine Kinder kamen weinend aus ihrem Zimmer, sie weinten verzweifelt, es interessierte ihn nicht. Er war rasend vor Wut. Er schlug mich windelweich. Alles, was er in seine Hände bekam, warf er nach mir oder zerschlug es auf meinem Körper. Als er von mir abließ, war ich vor Angst und Schmerzen völlig geschunden, meine Kinder waren nur noch weinende, zitternde und völlig verängstigte kleine Mäuse.

„Lauft ins Bad", schrie ich, rannte hinterher und schloss ab. Auf dem Weg dahin griff ich noch zum Telefon, im Bad rief ich sofort die Polizei. Erst jetzt drangen die Schmerzen in mein Bewusstsein. Ich konnte mich kaum rühren. Für meine weinenden Lieblinge zwang ich mich auf die Knie, so fest es mir möglich war, schloss ich sie in meine Arme. Ich tröstete meine Engelchen, bis die Polizei vor Ort war. Ich schleppte mich zur Tür, vor den zwei Polizisten klappte ich zusammen, einer konnte mich gerade noch so auffangen. Der Notarzt wurde sofort gerufen. Ich weinte und zitterte.

Heiko wurde mitgenommen, die Beamten sprachen ihm eine Wohnungsverweisung aus. In seiner Wut rief er: „Zu der dreckigen Schlampe will ich sowieso nicht mehr." Zwei Beamte hatten ihre Mühe und Not, diesen tobenden Mann in ihr Auto zu befördern.
Ich sollte in ein Krankenhaus gebracht werden. Nein, dem stimmte ich nicht zu. Meine Kinder brauchten ihre Mama. Ich bekam etwas zur Beruhigung, ein Schmerzmittel wurde mir injiziert. Bei der Untersuchung wurden keine Knochenbrüche festgestellt, nur eine Rippenprellung. Damit konnte ich leben, war es auch sehr schmerzhaft, ich war viel Schlimmeres gewohnt. Trotzdem hätte mich der Notarzt gern mit in die Klinik zum Röntgen genommen. Auf keinen Fall.

Hört die Gewalt in meinem Leben denn nie auf?

Ich war noch immer in psychologischer Behandlung. Heiko hatte mich, wenn er konnte, immer hingefahren. Jetzt

musste ich wieder Bus und Bahn nutzen, es war ein Graus, doch ich schaffte es. Mir war die Therapie unendlich wichtig.
Mein Vater erschien mir weiter, er verlangte sogar jetzt von mir, mich umzubringen, weil ich so wertlos bin. Er will mit mir zusammen sein und Spaß mit mir haben.
Gott sei Dank habe ich es nie so weit kommen lassen. Leider muss ich sagen, dass ich oft ganz kurz davor war.

Wieder schaffte es meine Psychologin, Frau Tscheschner, mich von den Erscheinungen meines Vaters zu befreien. Es dauerte jedoch Monate, bis ich ihn komplett los war.
Ich werde ihr ein Leben lang dafür dankbar sein.

Danach

Ein Jahr später war ich endlich geschieden.
Ich trauerte lange um unsere einst so große Liebe.
Warum war jetzt alles wieder kaputt?
Konnte es nicht einmal ruhig und liebevoll auf Dauer in meinem Leben zugehen?
Von ganzem Herzen bedauere ich, dass sich Heiko so zum Negativen verändert hatte.
Ich bin überzeugt, dass es an mir lag.
So lange ich denken kann, gab es für mich nur Missbrauch und Gewalt, jeder hat mir unendlich wehgetan. Ich bin ein Nichts und habe es nicht anders verdient. Meine Gedanken waren diesbezüglich völlig alternativlos.
Warum sonst ist mir so viel Schreckliches von klein auf passiert?
Warum sonst erreichten alle das Maximum an Qualen für mich?
Warum sonst konnte mich niemand lieben?

Ich bin der Meinung, wenn sich ein Mensch so extrem zum Schlechten verändert, sogar gewalttätig wird, steckt es im Charakter. Niemand kann sich ein Leben lang verstellen. Ich war ekelig und willenlos, perfekt für solche Menschen.

Ich bin über ihn hinweg. Meine Kinder möchten ihn auch nicht mehr sehen. Sie hatten nur noch Angst vor Heiko.

Mein neues Leben begann. Ich wollte nur noch meine Freiheit und meine Kinder genießen. Keine Angst mehr vor einem falschen Wort und vor Schlägen haben müssen. Mein Körper sollte nur noch mir gehören.
Es gelang mir nicht sofort. Wenn ich draußen in der Stadt war, hielt ich immer meinen Kopf gesenkt. Ich hätte mich am liebsten in Luft aufgelöst, dass mich niemand ansieht, so ekelig wie ich war.
Meine Psychologin hatte mir diesbezüglich erklärt, dass ich kein eigenes Körpergefühl und nicht den geringsten Selbstwert mehr hatte.
Schritt für Schritt arbeiteten wir viel aus meiner Kindheit und Jugend auf. Wir schafften es, dass ich wieder aufrecht durch die Straßen gehen konnte.

Es ging in meinem Leben jetzt nach vorn, so hoffte ich von ganzem Herzen.

Endlich war ich allein mit meinen Kindern. Lange hatten wir Angst, dass Heiko wütend zurückkommt und die Tür eintritt. Gott sei Dank kam es nicht so weit. Er ließ uns komplett in Ruhe.
Ganz ruhig verlief jetzt unser Leben. Alles, was ich konnte, unternahm ich mit meinen Söhnen, half bei den Hausaufgaben, bei Vorbereitungen für Klassenarbeiten, hörte Vokabeln ab und tat alles, was mir möglich war.

Wir gingen viel raus in die Natur. Was soll ich sagen?
Das Gras war für mich wieder grün.
Die Wolken am Himmel sahen wunderschön aus.
Die Luft roch unglaublich frisch und nach allem, was die Natur hervorbrachte.
All das Schöne und mein ruhiges Leben konnte ich selbstverständlich nicht auf Anhieb genießen. Schritt für Schritt wurde es immer besser. Meine Flashbacks nahm ich hin, meine Albträume ebenso. Ich lernte, damit umzugehen, auch mithilfe meiner Psychologin.
Jedes Lächeln meiner Kinder, ihr Toben und ihr Spaß erwärmten mein Herz. Ich war und bin so voller Liebe für meine Lieblinge.

Ich war angekommen.
Seit vielen Jahren ist meine Psychotherapie abgeschlossen. Ich habe so viel mit der netten Frau Tscheschner gearbeitet, aber über alles zu sprechen habe ich in den zwölf Jahren nie geschafft. Face to Face kann ich über die vielen Perversionen nicht reden. Ich wollte es so gern, es funktionierte leider nicht.

Mit keiner Silbe dachte ich daran, je wieder einen Mann in mein Leben zu lassen. Der Traum war für mich ausgeträumt. Er ist es bis heute.

Stephan bestand aufgrund seiner Lernbehinderung keinen

Schulabschluss. Trotzdem setzte er alles daran, einen Job zu finden. Er wollte unbedingt sein eigenes Geld verdienen und sein Ehrgeiz wurde belohnt. Er jobbte erst als Lagerarbeiter. Sein großer Wunsch war es, einen Lkw-Führerschein zu bekommen. Wie soll das aber funktionieren, wenn man kaum lesen und schreiben kann? Nach vielen Recherchen hörte ich von einer besonderen Förderung für den Führerschein, in dem die Fragen durch ein Audio-System gestellt wurden. Er bekam Kopfhörer und schaffte somit auf Anhieb seine Prüfung. Theoretische Stunden gab es für Stephan viel mehr, als es üblich war. Ich war so dankbar für diese Hilfe. Ihn machte es so glücklich und mich freute es umso mehr.

Nie hätte ich daran geglaubt, dass mein Ältester einmal so ein Riesengefährt fahren könnte. Er hat es geschafft und steuert heute einen Müllwagen. Ihm gefällt diese Arbeit sehr gut. Eine Partnerin hat er noch nicht gefunden. Ich denke, er möchte auch keine Beziehung, aber das wird die Zeit mit sich bringen. Er ist glücklich und zufrieden und nur das zählt für mich.

Christian erlernte den Beruf des Erziehers, doch diese Ausbildung reichte ihm nicht. Jede Weiterbildung nutzte er, heute arbeitet er in der Leitung einer Kindertagesstätte. Er hat eine ganz tolle, nette junge Frau geheiratet und mir schon eine kleine Enkeltochter geschenkt. Die Kleine ist mein Ein und Alles.

Aaron absolvierte eine Ausbildung in der Sicherheitstechnik. Er arbeitet heute im Stadtarchiv. Auch er ist mit einer sehr netten und liebevollen, jungen Frau verheiratet.

Meine drei Söhne verdienen gutes Geld, ihre Partnerinnen ebenfalls. Alle drei sind glücklich und zufrieden. Meine Kinder sind mein Ein und Alles, das möchte ich in keiner Weise relativieren. Allerdings Oma sein zu dürfen, ist mit das Schönste, was es gibt. Ich habe jetzt ein kleines Mädchen auf dem Arm und brauch keine Angst vor dem Abend zu haben. Ich kann einfach genießen, sie knuddeln und mit ihr spielen. Die Kleine ist so goldig.
Leider sieht mein Leben anders aus in meinen vier Wänden, wenn ich allein bin, und das bin ich leider sehr oft.

Ich leide an Iatrophobie – das ist eine panische Angst vor Ärzten. Ich schaffe es nicht mehr, mich anfassen zu lassen. Vor etwa vier Jahren begann es, dass ich schlecht Luft bekam. Es war so schlimm, dass ich sogar Todesangst hatte. Manchmal war es ganz normal, an anderen Tagen machte mir die Luftnot richtig zu schaffen. Somit hatte ich keine Wahl, als zum Arzt zu gehen. Sofort wurde ein Röntgen des Thorax veranlasst. Ich hatte schon im Vorfeld eine Riesenangst. Meine schlimmsten Befürchtungen sind eingetroffen.
Ich sollte mein Shirt und meinen BH ausziehen. Diese völlig normale Forderung war für mich unerträglich. Ich

schüttelte den Kopf. Selbstverständlich konnte das die Röntgenassistentin nicht nachvollziehen. Sie wollte mir beim Ausziehen helfen, ich schlug ihre Hände weg:
„Ich kann das nicht, ich gehe …"
„Nein, bitte warten Sie, ich rufe einen Arzt, vielleicht erreiche ich gleich einen Radiologen."
Zitternd setzte ich mich in der Umkleidekabine auf den Hocker und wartete. Es kam im Endeffekt so weit, dass ich etwas zur Beruhigung injiziert bekam, so konnte ich das Röntgen meiner Lunge über mich ergehen lassen. Das Ergebnis war erschreckend, ich musste dringend zu einem Pulmologen. Dieser wies mich für zwei Tage in ein Krankenhaus ein, um eine Bronchoskopie durchführen zu lassen.
„Irgendwie müssen Sie es bewältigen. Ich würde Ihnen etwas zur Beruhigung geben, für die Untersuchung legen wir sie schlafen. Sie werden nichts spüren, das verspreche ich Ihnen." Bei seinen Worten bemerkte ich seine Hand auf meinem Arm. Sofort schüttelte ich sie ab: „Entschuldigung … aber … bitte … nicht anfassen."
„Oh … ich wollte Ihnen nur zeigen, dass ich für Sie da bin."
Leise verließ er mein Krankenzimmer.
Früher war ich froh, endlich in einem Krankenhaus wenigstens ein kleines bisschen zur Ruhe zu kommen.
Nach dieser Untersuchung bekam ich die niederschmetternde Diagnose COPD. Leider war sie schon ziemlich weit fortgeschritten. Ich hatte meine Atemnot viel zu lange

hingenommen, den Weg zum Arzt fand ich erst sehr spät. Panische Angst vor Ärzten ließ es nicht zu, des Weiteren dachte ich immer, die Anstrengung manchmal beim Luftholen ist auf meine kranke Psyche zu schieben.
Auf meine Frage, woher diese Krankheit denn kommen könnte, habe ich doch nie geraucht, antwortete mir der nette Arzt: „Eigentlich sind die Ursachen dieser Krankheit starkes Rauchen, Feuchtigkeit und Schimmel. Haben Sie denn Schimmel in Ihrer Wohnung?"
Traurig schüttelte ich den Kopf, wusste ich doch genau, wo Nässe und Schimmel in meinem Leben zu finden waren – in dem grausigen Kellerverlies, wo ich so oft mein Dasein fristen musste. Tatsächlich lässt sich die genaue Ursache nicht zu einhundert Prozent feststellen, aber ich denke, das Kellerverlies ist daran schuld.
Die Funktion meiner Lunge liegt heute bei 35 %. Zu Hause steht ein Sauerstoffgerät, leider benötige ich es sehr oft. Dieses Gerät ist sehr groß, d. h., ich kann es nicht mit nach draußen nehmen. Ich könnte mir ein mobiles Sauerstoffgerät verschreiben lassen, ich traue mich aber nicht zu fragen. Um Hilfe bitten fällt mir unendlich schwer. Ein Wort von mir und meine Kinder würden mir sofort dabei helfen, ein mobiles Sauerstoffgerät zu bekommen. Ich möchte es nicht. Vielleicht ändere ich noch meine Meinung, aber wie es jetzt ist, kann ich es einfach nicht. Eltern sind für ihre Kinder da, aber doch nicht umgekehrt? Oder?

Ich leide an mehreren psychischen und körperlichen Krankheiten, die auf die unzähligen schweren Missbräuche zurückzuführen sind.
Was mich ganz besonders beschämt, ist meine Inkontinenz, auch diese habe ich den Bestien zu verdanken. Es steht von daher fest, weil diese Krankheit anfing, als ich noch nicht lange mit meinen Kindern allein wohnte. Ich war noch nicht alt, als es begann, sodass man es darauf nicht schieben konnte.
Diese Monster haben mich in jeder Art und Weise zerstört.

Ich beziehe nur eine kleine Erwerbsminderungsrente. Trotzdem wusste kein Arzt, dass ich eigentlich eine Dauerverordnung für Windeln benötigte. Ich erzählte es nicht, kaufte mir die Windeln von meiner kargen EM-Rente. Aber es war mit egal. Lieber gab ich das Geld dafür aus, als vor einem Arzt zu sitzen und dieses für mich so peinliche Thema anzusprechen.
Mit meinen Kindern habe ich darüber gesprochen. Vor Scham bin ich fast im Erdboden versunken. Meine Schwiegertochter überredete mich, mit ihr zusammen zum Arzt zu gehen. Ich habe zugestimmt. Beschreiben, wie beschämend dies für mich war, kann ich nicht. Mit gesenktem Kopf saß ich vor ihm und redete kein Wort. Meine Schwiegertochter übernahm es für mich und sofort bekam ich die Dauerverordnung. So peinlich es mir auch war, bin ich unendlich dankbar dafür.

Eines möchte ich noch unbedingt erzählen:

Vor ein paar Monaten wollte ich mir eine der Videokassetten anschauen, die mit dem Wort „Kinder" beschriftet waren. Eine halbe Stunde sah ich zu, wie meine Mäuse auf dem Spielplatz tobten, dann sah ich sie zu Hause in der Badewanne. Sie waren so süß. Plötzlich brach der Film ab und ich sah mich. Mich zwischen gierigen Monstern, die mir so unglaublich wehtaten. Gleich am Anfang nach ein paar Sekunden sprach Gerald: „Du wirst mich niemals loswerden."
Sofort schaltete ich zitternd den Fernseher ab.
Deshalb hatte er mir diese Filme damals auch so schnell übergeben. Filme mit der Aufschrift „Kinder", wer denkt denn da an solche Grausamkeiten?
Die Freude, meine kleinen Mäuse anzuschauen, wurde mir nun auch genommen.

Ich kann nicht sagen, ob ich jemals die Kraft finden werde, diese Filme durchzuschauen und das Grauenvolle darauf zu löschen.
Alles würde ich dafür geben, es zu schaffen und meine Erinnerungen an meine Mäuse anschauen zu können. War ich doch so oft mit meinen Gedanken in meiner grausamen Welt. Filme nur mit meinen Kindern sind mir nicht vergönnt.

Vor ein paar Wochen habe ich es geschafft, meinen Söhnen zu erzählen, dass ich von meinem Vater missbraucht wurde. Ich fragte alle drei, ob es für sie in Ordnung wäre, wenn über mein schweres Schicksal ein Buch veröffentlicht werden würde. Auch sagte ich ihnen, dass es sehr hart sein würde. Sie selbst könnten entscheiden, ob sie es lesen möchten oder nicht.

„Mama, wir wissen es und du hast jedes Recht der Welt, dein Schicksal in welcher Form auch immer zu erzählen. Du kannst es für dich aufschreiben oder es als Buch schreiben lassen. Wenn es für dich richtig ist, ist es das für uns auch."

„Wie, ihr wisst es?"

„Ja klar, wir haben so viel gehört und gesehen. Wir konnten es damals noch nicht einordnen, aber immer mehr war uns klar, was da passierte. Alles nicht, aber dass du missbraucht wurdest, wissen wir."

„Oh mein Gott … ich ahnte es ja, aber jetzt, wo ihr es mir sagt …", weiter kam ich nicht. Ein Weinkrampf ließ mich nicht mehr reden. Alle vier hielten wir uns im Arm. Ich wusste es irgendwie immer, aber aus dem Mund meiner Kinder war es umso schrecklicher.

Ich war und bin meinen Söhnen so dankbar für ihre Liebe.

Von diesem Tag an kam es mir vor, als verschwindet eine Mauer, die zwischen uns stand.

Unausgesprochenes belastete unser Verhältnis manchmal schon sehr.

Mein Leben ist geteilt in ein DAVOR und ein DANACH.
Dieses DAVOR hat die Frau aus mir gemacht, die ich heute bin:
psychisch schwer krank, körperlich schwer krank.

Mein Leben ist geteilt in ein DAVOR und ein DANACH.

Das ist mein DANACH.

Ich möchte dieses Buch mit einem Liedtext schließen, bei dem ich immer an Manuela denken muss:

Manchmal frag ich mich: Warum gerade ich?
Wenn der Boden auf dem ich steh' plötzlich bricht.
Und wenn man dann ganz tief fällt,
keine Hand, die einen hält.
Ein Herz aus Eisen, lieber Gott, das hab' ich nicht.

Immer wieder steh' ich auf
und glaube fest daran,
dass auch ich gewinnen kann.
Ich geb' so schnell nicht auf,
verliere nie den Mut,
fang ganz neu an.

Immer wieder steh' ich auf
und hoffe irgendwann,
dass auch ich mal sagen kann:
Im Licht und Schatten steh'n,
wird jedem mal so so geh'n.
Glaube an dich.

Manchmal wünscht ich mir:
Ich wär' nie gebor'n.
All die Träume in kalten Nächten sind erfror'n.
Und wenn ich glaubte, es geht nicht mehr,
sprach eine Stimme tief in mir:
Gibt dich jetzt nicht auf
und kämpfe dafür.

Immer wieder steh' ich auf
und glaube fest daran,
dass auch ich gewinnen kann.
Ich geb' so schnell nicht auf,
verliere nie den Mut,
fang ganz neu an.

Immer wieder steh' ich auf
und hoffe irgendwann,
dass auch ich mal sagen kann:
Im Licht und Schatten steh'n,
wird jedem mal so geh'n.
Glaube an dich.

Amigos

Epilog

Liebe Leserinnen und Leser,

ich möchte Ihnen aus tiefsten Herzen danken, dass Sie dieses harte Schicksal bis zum Ende gelesen haben. Vielleicht mussten sie das Buch ein paar Mal aus der Hand legen, selbstverständlich kann ich das nachvollziehen.

Sehr gern würde ich Sie fragen:

Können wir Manuela verurteilen?
Steht es uns zu, beurteilen zu können, warum diese Frau und Mutter von drei Kindern nicht zeitnah dieser Hölle entflohen ist?
Wissen wir, wie es ist, angekettet in einem Käfig aus panischer Angst, Schmerz und Perversion zu sein?
Warum ließ sie zu, dass ihre Kinder so viel mitbekamen?

Meine Antwort ist ein klares NEIN. Das können wir nicht.
Vielleicht liege ich falsch.
Dies zu beurteilen, möchte ich Ihnen selbst überlassen.

Ich sehe diese psychisch schwer kranke und gebrochene Frau, jedes Mal kommen mir die Tränen.
Narben auf ihrem Körper sind ewige stumme Zeugen dieser grausamen Spirale aus Gewalt und Perversion, in der

Manuela gefangen war.
Ganz klar, auch ich hätte mir gewünscht, wäre sie doch nur abgehauen. Sie hat es versucht und landete wieder in einem Martyrium. Für sie war es ihre Bestimmung, weil sie in ihren eigenen Augen nichts wert ist, jeder würde sich vor ihr ekeln und deshalb hatte sie dieses schwere und brutale Schicksal verdient. Leider denkt sie heute manchmal noch genauso.
Wir wissen, dass diese Gedanken total falsch sind.
Aber was würde passieren, müssten wir genau so sehr leiden und alles erdulden, nur um schrecklichen Strafen zu entgehen?

Angst lähmt uns und schreckliche panische Angst lässt so gut wie nichts mehr zu. Das weiß ich leider aus eigener Erfahrung.

Manuela ist trotz ihres sehr harten Schicksals eine liebende Mama und vergöttert ihre kleine Enkelin über alles.

Inständig bitte ich Sie:
Sollten Sie in so einem oder ähnlichen Schicksal gefangen sein, bitte verlassen Sie die Hölle. Machen Sie es wie Manuela und gehen Sie in ein Frauenhaus. Für Kinder und Jugendliche gibt es den Jugendnotdienst, dort wird ebenfalls immer geholfen.
Denken Sie bitte NIEMALS – ich bin nichts wert, ich habe

schlimme Behandlung verdient. Dem ist nicht im Entferntesten so.
JEDER VON UNS IST WERTVOLL
NIEMAND HAT GEWALT VERDIENT

Ich wünsche Ihnen allen ein glückliches, gesundes, zufriedenes und vor allem ein gewaltfreies Leben.

Martina Woknitz

Danke

Von ganzem und aus tiefsten Herzen danke ich euch:
Stephan, Christian und Aaron,
meine kleinen Mäuse, die ihr immer für mich bleiben werdet.
Ich liebe euch mit jeder Faser meines Herzens und das wird immer so sein.
Ich möchte mich nicht nur bedanken, sondern mich auch entschuldigen: Es tut mir so unfassbar leid, dass ihr als kleine Kinder so viel Böses miterleben musstet. Zu gern würde ich alles rückgängig machen, dies steht leider nicht in meiner Macht.
Trotz allem seid ihr ganz tolle junge Erwachsene geworden und steht mit beiden Beinen im Leben.
IHR MACHT MICH SO UNENDLICH STOLZ!!!
Auch ein ganz dickes Dankeschön dafür, dass ihr immer für mich da seid.
In ewiger und dankbarer Liebe
eure Mama

Meine Schwiegertöchter
liebe ich, als wären sie meine eigenen Kinder. Ich danke euch, dass ihr meine Söhne glücklich macht. Nur das Beste wünsche ich euch. Möget ihr alle immer gesund und zufrieden sein und jedes Ziel erreichen, welches ihr euch setzt.
Danke, dass ihr da seid.

Mein kleines süßes Enkelchen,
du bist mein Ein und Alles. Ich liebe dich so sehr, dass ich es nicht in Worten ausdrücken kann. Du bist und bleibst mein kleines, süßes Engelchen.

Martina Woknitz,
ich danke dir für alles. Du hast es geschafft, mir wirklich alles von der Seele reden zu können. Du warst damit einverstanden, dass wir nur telefonieren oder uns via E-Mail austauschen. Nie hast du mich gedrängt, mich persönlich kennenzulernen. Diese Entscheidung konnte ich ganz allein für mich treffen und ich habe es geschafft. Ich konnte dir von Angesicht zu Angesicht gegenüber sitzen. Nie hätte ich das für möglich gehalten.
Danke, dass du mir geglaubt und dieses Buch geschrieben hast. Ich weiß, wie schwer es gewesen sein muss.
Danke dafür.

Ein großes Dankeschön an den Verlag DeBehr für mein veröffentlichtes Schicksal.

Manuela

Liebe Leserinnen und Leser,
vielen, vielen Dank für Ihre Anteilnahme an Manuelas schwerem Schicksal.
Endlich kann diese gequälte Frau sagen:

Ich möchte endlich gehört werden.
Ich bin da und es gibt mich noch.

Und daran haben Sie einen großen Anteil, in dem sie dieses Buch in den Händen halten.
Danke dafür.

Liebe Manuela,
ich danke dir für deinen unglaublichen Mut, über dein schweres Schicksal zu sprechen. Ich kann nicht zählen, wie oft ich erschüttert und unendlich traurig war, ich weinend den Kopf schütteln musste, als könnte ich die Gewalt und Perversion von mir schieben.
Trotzdem arbeitetest du immer weiter mit mir. Du bist in die tiefsten und schlimmsten Brutalitäten eingetaucht und hast es geschafft, mich mitzunehmen.
Unzählige Tränen vergossen wir gemeinsam, trotzdem gabst du nicht auf.
Dafür ein ganz großes Dankeschön.
Ich wünsche dir, dass es dir besser gehen wird und du das Glück mit deiner Familie genießen kannst.

Liebe Frau Behr,
ein großes Dankeschön dafür, dass Sie dieses schwere und unerträgliche Schicksal veröffentlicht haben.
Danke für Ihre Anteilnahme an Manuelas Schicksal und Ihren Glauben an mich.

Martina Woknitz

Mehr von Martina Woknitz bei DeBehr

Die Kindheit der kleinen Martina ist von Anfang an von Missbrauch und Gewalt geprägt. Sie ist gerade einmal fünf Jahre alt, als ihr Vater sich das erste Mal an ihr vergeht. Als sich das kleine Kind hilfesuchend an die Mutter wendet, schlägt diese ihre Tochter für deren angebliche Lügen. Der Vater missbraucht sie in den nächsten Jahren und wird dabei immer brutaler. Es dauert lange, bis die mittlerweile junge Frau sich befreien kann. Doch dann betritt sie eine neue Hölle, brutalst und gewissenlos tyrannisiert ihr Partner sie und das gemeinsame Kind ... Ein erschütternder Tatsachenroman, der anderen Opfern helfen möchte, Mut zu fassen, das Erlebte zu verarbeiten, sich zu erheben gegen die Peiniger, zu erkennen, dass nicht die Opfer Schuld tragen, sondern die Täter - und endlich aus ihrem Schicksal auszubrechen.

198 Seiten Taschenbuch, 10.95€, ISBN: 9783957534989

Als ich meine Tochter neugeboren in den Armen hielt, versprach ich ihr, sie vor allem Bösen zu beschützen. Doch das Böse lebte mit uns unter einem Dach. Ich war damals in einer Nacht- und Nebelaktion aus meinem fürchterlichen Elternhaus zu meinem Freund gezogen, nicht ahnend, dass ich von einer Hölle in die nächste schlitterte. Meine Kindheit prägten Demütigungen, Schläge und sexueller Missbrauch. Meine Ehe wurde nun von physischer und psychischer Gewalt, Brutalität und Vergewaltigungen bestimmt. Michael war ein toller Mann, als ich ihn kennenlernte. Er sah sehr gut aus und wir liebten uns abgöttisch. Doch die Fassade bröckelte. Mein Ehemann wurde immer brutaler und zeigte sadistische Züge. Mutlos ertrug ich jegliche Art der Gewalt. Erst nach 20 Jahren entkam ich dieser Hölle. Fast hätte ich nicht überlebt. DIE AUTOBIOGRAFIE EINER GESCHUNDE- NEN FRAU, DIE ERST FAST ZU SPÄT DEN MUT FAND, SICH ZU RETTEN.

142 Seiten Taschenbuch, 10.95€, ISBN: 9783957535085

"Mama, ich muss dir was sagen." Ihre Mutter sah sie genervt an und wartete. Da das kleine Kind verstummt war, blaffte sie das Mädchen an: "Ja, was denn nun?" "Papa ... Papa ... hat ... heute Nacht ..." Die Kindheit und Jugend von Martina sind geprägt von sexuellem Missbrauch durch ihren Vater und Prügel durch ihre Eltern. Sie ist von klein auf verlassen. Mit 19 Jahren lernt sie ihren zukünftigen Ehemann kennen und zieht zu ihm. Doch dieser Mann ist nicht der liebevolle und charmante Partner, den sie sich erträumt. Er entpuppt als gewalttätiger Tyrann und Alkoholiker, schlägt und vergewaltigt die junge Frau. Die Flucht ins Frauenhaus bietet dauerhaft keinen Schutz, denn ihr Noch-Ehemann ist Martina auf der Spur. Bald gerät sie in tödliche Gefahr. Die Autorin war schon als kleines Kind Opfer dauerhafter sexueller Übergriffe durch ihren Vater, ihr Ehemann entpuppte sich als sadistischer Vergewaltiger und Frauenschläger. Ihre Erlebnisse lässt sie in diesen Roman einfließen.

182 Seiten Taschenbuch, 10.95€, ISBN: 9783957535382

Bei der Freundin unseres Sohnes hatten die Wehen eingesetzt, und das im siebten Monat! Wir kamen gehetzt im Krankenhaus an. Mein Sohn stand vor uns, mit hängenden Schultern. Der Arzt hatte uns bereits eingeweiht. "Ihr nehmt beide Drogen und trinkt Alkohol? Beide? Saskia ist SCHWANGER
...!!!" Die nun folgenden Beteuerungen, aufhören zu wollen, hatte ich schon zur Genüge gehört. Annas Sohn Lucas ist drogen- und alkoholsüchtig. Auch als er Vater wird, ändert sich sein Verhalten nicht. Aggression, Gewalt, Diebstähle und Lügen auch gegenüber seiner Mutter, die vergeblich versucht, ihm zu helfen, bestimmen seinen Alltag. Er beschimpft sie als Scheißmutter. Lucas stürzt immer weiter ab. Und Anna wird geraten, ihn loszulassen, um sich selbst zu schützen. Doch wie könnte eine Mutter ihr Kind loslassen? Und was wird aus der kleinen Enkeltochter?

198 Seiten Taschenbuch, 10.95€, ISBN: 9783957536822

Jenny wächst in einem unvorstellbar grausamen Elternhaus auf. Von der Mutter geschlagen und gedemütigt, vom Vater seit dem Kindergartenalter schwerst sexuell missbraucht und misshandelt, fristet das kleine Mädchen ihr schreckliches Da- sein. Als die Mutter sich nach Jahren des Martyriums von dem Tyrannen trennt, scheint alles besser zu werden.
Doch anstatt ihr Kind endlich zu schützen, liefert Jennys Mutter sie neuer Grausamkeiten aus.
Nach Jahren des Grauens landet das Mädchen im Frankfurter Bahnhofsviertel. Alkohol, Drogen und die perversen Wünsche der Kunden des Babystriches bestimmen nun ihren Alltag. Bald hängt ihr Leben am seidenen Faden. Die wahre Geschichte eines verlorenen Kindes.

182 Seiten Taschenbuch, 11.95€, ISBN: 9783957538383

Mein Vater trat sie mit voller Wucht. Mama schrie: "Hör auf!" "Dann bring endlich mal etwas Richtiges zum Essen auf den Tisch, du dämliche Kuh." Immer wieder trat er zu, bis Mama völlig entkräftet auf dem Boden lag und weinte. Warum ging sie nicht mit uns fort? Warum schützte sie nicht wenigstens uns, ihre beiden kleinen Söhne? Wie nur konnte sie zulassen, was dieses Monster uns antat und was meinen Bruder in den Suizid treiben würde? Paul wächst mit seinem zwei Jahre älteren Bruder Jan in einem unfassbar grausamen Elternhaus auf. Schutzlos sind die Kinder den Prügelattacken des cholerischen Vaters und einer untätigen Mutter ausgeliefert. Bald beginnt der Vater, seine Söhne zu missbrauchen und schwer zu vergewaltigen. Jan zerbricht daran. Paul hingegen landet in einer Spirale aus Gewalt, Drogen und Alkohol. Er fürchtet, wie sein Vater zu werden. Doch dann tritt Jana in sein Leben. Die wahre grausame Biografie eines misshandelten Jungen, der selbst zum Täter wird.

236 Seiten Taschenbuch, 11.95€, ISBN: 9783957538963

Wann es begann, dass ich Angst vor meinem Vater entwickelte, weiß ich nicht mehr. Ich ging noch nicht in die Schule. Ich glaube, ich war fünf Jahre alt… Von ihrer frühesten Kindheit an ist Elisa der Wut ihres Vaters ausgeliefert. Nach außen hin spielt er den perfekten Ehemann und Papa. Doch Elisa und ihre Mutter leiden unter seiner Brutalität, werden gequält und erniedrigt. Eines Tages beginnt er, das kleine Mädchen zu vergewaltigen. Stumm erträgt das Kind den Missbrauch, bis es nicht mehr kann und sich seiner Mama anvertraut. Diese verspricht, ihre Tochter von nun an zu beschützen. Doch stattdessen geht sie den schrecklichsten Weg, den eine Mutter gehen kann - sie nimmt sich das Leben und lässt ihr Kind verlassen und ausgeliefert zurück. Nun ist Elisa allein mit einem Monster… Ein erschütternder Tatsachenroman, der Opfern helfen möchte, Mut zu fassen, das Erlebte zu verarbeiten, sich gegen ihre Peiniger zu erheben und zu erkennen, dass nicht sie Schuld tragen, sondern die Täter.

Paperback mit 242 Seiten, Preis: 12.95€, ISBN: 9783987270017

Ich wuchs bei Oma und Opa auf und hatte den Himmel auf Erden. Doch eines Tages holte Mama mich ab und sagte, ich müsse nun bei ihr wohnen. Es war nicht nur nicht so schön wie bei meinen Großeltern, es war die Hölle. Mama trank. Wenn sie betrunken war, wurde sie schrecklich grausam. Sie schlug mich. Sie beschimpfte mich. Ihren Freund sollte ich Papa nennen. Er tat mir schreckliche Dinge an. Dann wurde Mama schwanger. Mein Schwesterchen kam mit dem Down-Syndrom auf die Welt. Hatte Mama mich schon nicht lieb, war ihr das Baby nun völlig egal. Ich kümmerte mich um mein Schwesterchen, so gut ich konnte ... Mit fünf Jahren zieht die kleine Cecilia zu ihrer Mutter, einer Alkoholikerin, und deren pädophilen Freund. Das Mädchen wird misshandelt und missbraucht. Bald kümmert sie sich um ihre geliebte kleine Schwester Antonia, weil es sonst keiner tut. Doch dann erfährt sie, dass ihr Stiefvater sich auch an Antonia vergeht. Cecilia schmiedet einen Plan ... Die Autorin Martina Woknitz wurde selbst als Kind schwerst misshandelt und hat auch ihr eigenes Schicksal zu Papier gebracht. Sie gibt heute denen eine Stimme, die ihre Leidensgeschichte erzählen möchten, um den Blick für Unrecht zu schärfen. Die wahre Geschichte eines geschundenen Kindes.
Paperback mit 178 Seiten, Preis: 11.95€, ISBN: 9783987271588

Verloren wie ein Blatt im Wind fühle ich mich. Meine wahre Geschichte einer nicht enden wollenden Hölle auf Erden. Cecilia entkam einem Elternhaus voll Missbrauch und Gewalt. Ihre Schwester Toni, ein Mädchen mit Down-Syndrom, konnte sie ebenfalls retten. Im Haus ihrer Großeltern findet Cecilia endlich Geborgenheit. Als Marcello in ihr Leben tritt, glaubt die nun junge Frau, das Glück würde von jetzt an immer an ihrer Seite sein. Die Krönung ihrer Liebe ist Jonas, der kleine Sohn. Jäh soll ihre Welt in Scherben fallen, als ein schreckliches Unglück passiert. An ihrer Trauer zerbricht auch die Liebe. Als Jochen in Cecilias Leben tritt, versinkt sie erneut in einer Welt des Missbrauchs und der Gewalt. Er hat ein Herz aus Eis. Kann die geschundene Frau sich abermals retten? Eine wahre Geschichte.
Paperback mit 168 Seiten, Preis: 11.95 €, ISBN: 9783987271830